AF360274

15 SEPTEMBRE

LIBRAIRIE

DE

THÉOPHILE BELIN

29, Quai Voltaire, PARIS

PARIS

LIBRAIRIE THÉOPHILE BELIN

29, QUAI VOLTAIRE, 29

—

1894

3290. Abadie (Louis d'). Trente jours de voyage en zigzag de Paris à Venise et retour, par huit écoliers en vacance. Paris, 1863, 2 vol. in-12 br. **3 fr.**

3291. Ablancourt (D'). L'Octavius de Minucius felix. Paris, 1677, in-12 veau fil. tr. dor. **2 fr.**

3292. Abric-Encontre (Mme). Vie d'Etienne de Grellet, récit de ses travaux philanthropiques et missionnaires, traduit de l'anglais. Paris, Grassart, 1873, in-8 br. **1 fr. 50**

Portrait.

3293. Académie française. Eaux-fortes par Robert Kastor. Paris, Quantin, s. d. in-4 en feuilles. **12 fr.**

Contenant 40 portraits à l'eau-forte.

3294. Action héroïque d'une françoise ou la France sauvée par les femmes. Paris, Guillaume, s. d. (1790), br. in-8 de 7 pp. **2 fr.**

3295. Aicard (Jean) Roi de Camargue. Paris, E. Testard, 1890, in-12, br. **10 fr.**

Gravures dans le texte et hors texte de G. Roux.

3296. Album breton. Département d'Ille-et-Vilaine, par M. Ducrest de Villeneuve. Rennes, Oberthur, in-4, demi-rel. veau bleu. **25 fr.**

Contenant 62 vues dessinées d'après nature et lithographiées par M. Lorette.

3297. Album britannique ou choix de orceaux traduits des recueils annuels de la Grande Bretagne. Paris, 1830, in-8, demi-veau rose. **6 fr.**

Avec 12 jolies vignettes gravées sur acier.

3298. Album de 14 dessins originaux de maîtres, collés sur carton, formant un vol. in-4 demi-chagr. brun avec coins. **40 fr.**

Gravelot, Boucher, etc.

3299. Album du Rhin. Francfort-sur-Mein. Ch. Jugel, 1844, in-4 cart. derelié. **7 fr.**

81 planches finement gravées sur acier.

3300. Amatory adventures (The). Of Tilly, Touchitt. London, printed for the éditor, et moss Down villas, late Crescent, Place, 1 vol. in-12 cart. **20 fr.**

3301. Aménagement des forêts. Cours de l'école 1857, manuscrit de plus de 200 pages in-4 demi-rel. mar. laval. **10 fr.**

3302. Amours des dames illustres de notre siècle. A Cologne, chez Jean Le Blanc, 1703, fort vol. in-12 de 587 pp. front. mar. rouge, fil. dent. int. tr. dor. dos orné. (Hardy). **40 fr.**

Contient : Histoire amoureuse des Gaules. — Maximes d'Amour. — Alosie ou les amours de M. D. M. T. P. — Le Palais-Royal, ou les amours de Mme de La Vallière. — Histoire de l'amour feinte du Roy pour Madame. — La princesse ou les amours de Madame. — Le Perroquet, ou les amours de Mademoiselle. — Junonie, ou les amours de Mme de Bagneux. — Les fausses prudes, ou les amours de Mme de Brancas, et autres dames de la Cour. — La déroute et l'adieu des filles de joye de la ville de Paris. Avec leurs noms, leur nombre et les particularitez de leur prise et de leur emprisonnement et la requeste de Mme de la Vallière. — Le passe-temps Royal, ou les amours de Mlle de Fontanges. Haut 146 mill.

3303. Ampère. La science et les lettres en Orient. Paris, Didier, 1865, in-8 br. **3 fr.**

3304. Amyrault (Moyse). Discours sur les songes divins dont il est parlé dans l'Escriture à M. Gaches. A Saumur, chés Isaac Desbordes, 1659, in-8 vélin. **6 fr.**

Piqûres de vers,

3305. Anacreontis odæ et fragmenta græce et latine. Edente Joanne-Baptista Gail Parisiis, Didot, an 7, in-8. demi-maroq. rouge jans. tête peigne, n. rog. **5 fr.**

3306. Annuaire des sociétés savantes de la France et de l'étranger, publié sous les auspices du ministère de l'instruction publique. Paris, Masson, 1846, fort. vol. gr. in-8 veau fauve, fil. tr. dor. **4 fr.**

1re Année.

3307. Annuaire généalogique et historique, renfermant des détails sur toutes les maisons souveraines d'Europe. Paris, 1819-1821, 14 vol. in-18, br. **8 fr.**

3308. Arago (François). Astronomie populaire, publiée d'après son ordre sous la direction de M. A. Barral. Paris, Gide, 1861, 4 vol. in-8 demi-chag. laval., plats toile. **15 fr.**

Légère mouillure au tome 4. Nombreuses figures.

3309. Architecture Gallo-Romaine et architecture du Moyen-Age par MM. Mérimée, Albert Lenoir, Aug. Leprévost et Lenormant. — Instructions sur la musique par M. Bottée de Toulmon. Paris. impr. Impériale, 1857, in-4, demi-veau fauve. **8 fr.**

Figures dans le texte et 7 planches.

Achat de Bibliothèques

3310. Aretino (Pietro. Le Maréchal, comédie traduite pour la première fois, par Alcide Bonneau. Paris, 1892, in-16, papier de Hollande, br.   15 fr.

Le duc de Mantoue a dans son palais un maréchal, c'est-à-dire un chef de ses écuries, jeune et gaillard, qui n'aime pas les femmes. Pour lui jouer un tour et sous prétexte de lui faire mener une vie plus honnête, le Duc l'oblige à se marier sur l'heure, en lui assurant une dot ; désespoir du pauvre maréchal, qui durant cinq actes se débat contre cette cruelle extrémité, le mariage ! Enfin, le couteau sous la gorge il cède, il dit oui ; la fille qu'on lui impose et qu'il n'a jamais vue, couverte d'un voil épais, prononce le oui sacramentel. Au son de sa voix un doute saisit le maréchal, il soulève le voile... ò bonheur ! la mariée est un garçon, Carlo le page, qu'il connaît trop bien ! Cette comédie, avec la Calandra de Bibiena et la Mandragore de Machiavel, a été dernièrement jouée à Turin, devant un auditoire choisi où les dames étaient admises masquées. Les agréments et les désagréments du mariage y sont peints avec un luxe de détails qui rappelle la consultation de Panurge ; mais l'Arétina devancé de dix ans Rabelais, et celui-ci a dû connaître la comédie du Maréchal, car il voyageait en Italie précisément à l'époque où elle venait d'être représentée et imprimée.

3311. Argenson (Le Mis d'). Les loisirs d'un ministre, ou essais dans le goût de ceux de Montaigne, composés en 1736. Liège, C. Plonteux, 1787, 2 tomes en 1 vol. in-8 mar. rouge, fil. tr. dor.   12 fr.

Reliure ancienne très fraîche.

3312. Argus (L') des boudoirs ou l'indiscret Bruxellois, rédigé par une société de gens comme il faut. Anvers, 1830, in-12 br.   3 fr.

Réimpression à 100 exemplaires.

3313. Arioste. Roland furieux, traduction nouvelle et en prose par Philippon de la Madelaine, précédé d'une introduction par M. J. Janin. Paris, Morizet, s. d., gr. in-8 demi-mar. rouge plats toile, tr. dor. dos orné.   5 fr.

Illustrations de Tony Johannot, Baron, Français et C. Nanteuil.

3314. Aristote. Histoire des animaux, traduite en français, et accompagnée de notes perpétuelles, par J. Barthélemy Saint-Hilaire. Paris, Hachette et Cie, 1883, 3 vol. in-8, demi-rel. mar. gren., tr. peig.   18 fr.

3315. Armancourt (Alphonse d'), ou la belle-mère. Lausanne, 1797, 3 parties reliées en 1 vol. pet. in-8, demi-veau fauve, tête dor. n. rogné.   4 fr.

3316. Arnauldet (Th.). Niortheides,

ou études historico-poétiques sur la ville de Niort et sur quelques-uns de ses environs : avec des notes et des citations justificatives. Niort, Coinquaux, s. d., in-8 demi-veau fauve, tr. jasp.   4 fr.

3217. Arnaud (d'). OEuvres. Paris, Laoorte, 1803, 12 vol. in-8 demi veau fauve, tête jasp. n. rog.   30 fr.

Contenant : Epreuves du sentiment 5 vol. — Nouvelles historiques, 3 vol. Romans, 2 vol. — Théâtre, 2 vol. Bel exemplaire.

3318. Art (L') de dîner en ville, à l'usage des gens de lettres, poëme en 4 chants. Seconde édition, revue et corrigée. Paris, Delaunay, 1810, pet. in-12 br. n. rog.   2 fr.

3319. Artamof (Piotre). La Russie historique, monumentale et pittoresque, avec la collaboration de Armengaud. Paris, Lahure, 1862, in-fol. demi-chag. vert, plats toile. tr. dor.   10 fr.

Nombreuses illustrations dans le texte.

3320. Asselineau. Meubles, Armures et objets divers du Moyen-Age et de la Renaissance. Paris, s. d., 2 vol. in-fol demi-mar. lavall. tête dorée, n. rog.   80 fr.

186 planches lithographiées.

3321. Atlas-Migeon, revu par Vuillemin, historique, scientifique, industriel et commercial. Paris, Migeon, s. d., 2 vol. in-4 demi-chag. vert, plats toile, tr. jasp.   25 fr.

Nombreuses cartes.

3322. Aubert. Trésor de l'abbaye de Saint-Maurice d'Agaune, décrit et dessiné par Ed. Aubert. Paris, Vve A. Morel, 1872, 2 vol. gr. in-4, dont 1 de planches, demi-rel. mar. gren. tr. sup. dor. ébarbé.   65 fr.

3323. Audebert. Histoire naturelle des singes et des makis. Paris, chez Desrais, an Huitième (1800), gr. in-fol. demi-rel. bas. r. avec coins, non rog.   100 fr.

Bel exemplaire papier vélin orné de 63 planches coloriées.

— Le même. Paris, Lefèvre, 1810, in-fol. cart. n. rog.   40 fr.

63 pl. noires.

3324. Aventures du Gourou Paramarta, conte drôlatique indien, traduit par l'abbé Dubois, orné de nombreuses eaux-fortes par Bernay et Cattelain. Paris, Barraud, 1877, gr. in-8, dans un carton.   15 fr.

Exemplaire sur papier Japonais, publié à 100 fr.

Et de Livres anciens et modernes

— Le même sur chine publié à 40 fr.
         8 fr.

3325. **Balzac**. OEuvres complètes. Paris, Lévy, 1882, 26 vol. gr. in-8. br.
         80 fr.

3326. **Balzac** (H. de). Le père Goriot. Scènes de la vie parisienne. Paris, Quantin, 1885, in-8 br. 15 fr.

 10 compositions par Lynch, gravées à l'eau-forte.

3327. **Barthélemy**. Le Zodiaque, satires. Paris, Lallemand-Lépine, 1846, in-8 br. papier vélin. 5 fr.

3328. **Barthélemy Saint-Hilaire**. Fragments pour l'histoire de la diplomatie française, du 28 Septembre 1880 au 14 Novembre 1881. Paris, Chamerot, 1882, in-8 br. n. c. 3 fr.

3329. **Barthélemy Saint-Hilaire**. De la logique d'Aristote. Paris, Ladrange, 1838, 2 vol. in 8 cart. n. rog. port. 7 fr.

3330. **Basnage**. Antiquitez Judaïques, ou remarques critiques sur la république des Hébreux. Amsterdam, frères Châtelin, 1713, 2 vol. pet. in-8 veau. 6 fr.

 Figures et cartes.

3331. **Batacchi**. Nouvelles. Littéralement traduites pour la première fois. Paris, Liseux, 1882, in-8 br. 3 fr. 50

 2e série comprenant. Les Toc-Toc de Saint-Pascal. — Le Mort à Cheval. — Madame Lorenza. — Le roi Biseherone. — Donna Chiara. — La nuit des Rois. — Mustapha.

3332. **Beaufort** (Louis de). Dissertation sur l'incertitude des cinq premiers siècles de l'histoire romaine. Nouvelle édition avec une introduction et des notes par Alf. Blot. Paris, Maillet, 1866, in-8, demi-chag. bleu, n. rog. 3 fr.

3333. **Bengesco** (Georges). Voltaire. Bibliographie de ses œuvres. Paris, Rouveyre, 1882-85, 2 vol. in-8 br. port. 20 fr.

 Exemplaire sur papier de Hollande avec le portrait de Voltaire en deux états avec et avant la lettre. Publié à 80 fr.

3334. **Béranger**. OEuvres complètes. Édition unique revue par l'auteur. Paris, Perrotin, 1834, 4 vol. in-8 demi-veau rose, dos orné. 35 fr.

 104 vignettes de Tony Johannot.

3335. **Bernard**. OEuvres. Paris, Janet et Cotelle, 1823, in-8 demi-maroq. lavall. av. coins, n. rog. 5 fr.

 Figure de Prudhon.

3336. **Béroalde de Verville**. Le moyen de parvenir. OEuvre contenant la raison de ce qui a esté, est et sera avec démonstrations certaines, selon la rencontre des effets de vertu. Nouvelle édition collationnée sur les textes anciens, avec notes, variantes, index, glossaire, et notice bibliographique par un bibliophile campagnard. Paris, L. Willem, 1870. 2 tomes en 1 vol. in-8 mar. rouge. fil. dos orné, dent. int. tr. dor. 85 fr.

 Exemplaire avec les notes sur papier de Chine, très rare. Vignettes à mi-page.

3337. **Bibiena**. La Calandra, comédie du cardinal Divizio de Bibiena (vvie siècle). Traduction nouvelle et littérale par Alcide Bonneau. Paris, 1887, in-16 br. 3 fr. 50

 xx-196 pages. Tiré à 250 exemplaires.

 « Représentée en 1508 à la cour du duc d'Urbin, la « Calandra » est la première comédie régulière qu'ait eue l'Italie et, par conséquent, l'Europe moderne, car l'Italie primait alors, dans les lettres comme dans les arts, toutes les autres nations. » (Avertissement).

3338. **Bibliothèque diabolique**. Paris, au bureau du Progrès médical, in-8 br.

 Comprenant :

1º Le Sabbat des sorciers, brochure in-8 de 40 pages avec 25 figures dans le texte et 1 grande planche hors texte, 1 vol. 3 fr.

2º Possession de Françoise. Fontaine à Louviers par Benet. 1 vol. 3 fr. 50

3º Jean Wier. Histoires, disputes et discours des illusions et impostures des diables, 2 vol. 15 fr.

4º La possession de Jeanne Ferry, 1 vol. 3 fr.

5º Sœur Jeanne des anges, par Legue et Gilles de la Tourette, 1 vol. 6 fr.

6º Procès de la dernière sorcière, brûlée à Genève, le 6 avril 1652, par Ladame, 1 vol. 2 fr. 50

3339. **Blondeau** (Nicolas) et **Noël** (François). Glossarium eroticum latinum et gallicum. Un vol. in-8 br. pap. de Hollande. 25 fr.

 Ce curieux livre tiré d'un manuscrit inédit composé par Nicolas Blondeau au xviie siècle est tombé entre les mains de François Noël qui l'a complété et augmenté de notes curieuses, une étude de près de 60 pages sur la langue érotique par le traducteur de Forberg, donne un nouvel attrait à cet ouvrage.

3340. **Boccace**. Le Décaméron, traduction complète par Antoine Le Maçon. Paris, Liseux, 1879, 6 vol. in-18 br. neufs. 20 fr.

3341. **Burns** (Robert). The Merry.

Muses, a choise collection of favourite songs gathored from many sources. Privatcly, printed, 1890, in-8 vélin. 25 fr.

3342. Caro (Annibal). La Chanson de la Figue, ou la Figuéide de Molza, commentée par Annibal Caro (xvie siècle). Traduit en Français pour la première fois, texte italien en regard. Paris, Liseux, 1886, pet. in-8, br. 15 fr.

On sait où l'on pourra deviner ce que les Italiens entendent par la « figue », comme ils appellent autre chose le « melon » ou la « pêche », par analogie de configuration. Horace donne à l'objet son nom propre, observant que, bien avant Hélène, il avait avait été la cause la plus active des guerres (belli teterrima causa). Nos modernes, plus discrets, le couvrent d'une gaze plus ou moins transparente, et pour Rabelais lui-même, pour Béroalde de Verville, c'est le « comment ha nom ? »

3343. Catalogue de dessins et aquarelles modernes par Eug. Delacroix, Ed. de Beaumont, H. Bellangé, Ch. Jacque, etc. etc., dont la vente a eu lieu le 14 Mars 1874, gr. in-8 br. papier de Hollande. 8 fr.

27 pl. en photographie hors texte.

3344. Catalogue de l'exposition de gravures anciennes et modernes, 4 Juillet 1881. Paris, Cercle de la librairie, 1881, in-4. cart., n. rog. 20 fr.

Figures noires et coloriées. Tiré à 100 exemplaires.

3345. Catalogue des poinçons, coins et médailles du musée monétaire de la commission des monnaies et médailles. Paris, Pihan de La Forest, 1833, in-8 veau vert. 5 fr.

3346. Catéchisme (Le) des Jésuites ou le mystère d'iniquité, révélé par ses suppots, par l'examen de leur doctrine, mesme selon la croyance de l'église Romaine. A Villefranche, chez Guillaume Grenier, 1677, fort vol. pet. in-12 de 600 pp. demi-mar. lavall. tr. peig. 4 fr.

3347. Champgran (De). Almanach du chasseur, contenant un calendrier perpétuel des remarques sur la chasse. Paris, Pissot, 1773, in-12 veau, dos orné. 10 fr.

Front. de Choffard et nombreuses planches de musique.

3348. Champier (Victor). L'année artistique, 1879-81, 2 vol. in-8 percal. 4 fr.

3349. Chauvot de Beauchêne (Le Dr). Maximes, réflexions et pensées

diverses, 4e edition. Paris, Dentu, 1827, in-12 veau fil. sur les plats, dent. int. tr. dor. (Trautz-Bauzonnet). 8 fr.

3350. Chénier (Marie-Joseph). Charles IX, ou l'école des Rois, tragédie. Paris, imp. Didot, 1790, in-8 cart. n. rog. 10 fr.

3 figures par Borel, gravées par Berthet et Delignon, et 2 portraits ajoutés.

3351. Chevigné (Le Cte). Les Contes rémois, 3e édition. Paris, Michel Lévy, 1858, in-8 demi-veau, port. 20 fr.

Dessins de E. Meissonnier. Envoi autographe de l'auteur.

3352. Chevreul (Henri). Livre du Roy Charles. De la Chasse du cerf. Publié pour la première fois d'après le manuscrit de la Bibliothèque de l'Institut. Paris, Aubry, 1859, in-8, portr. et figure hors texte, mar. rouge jans., dent. int., tête dor., non rog. (Binet). 30 fr.

Réimpression de la « Chasse royale » de Charles IX, tirée à 225 exemplaires. Un des 8 exemplaires sur grand papier chamois.

3353. Choderlos de Laclos. Les liaisons dangereuses, ou lettres recueillies dans une société, et publiées pour l'instruction de quelques autres. A Genève, 1792, 4 parties reliées en 2 vol. in-18, veau fauve, fil., dos orné, tr. rouges. 25 fr.

Contenant 8 figures de Le Barbier.

3354. Chorier. Aloisiæ Sigeæ Toletanæ Satyra Sotadica de Arcanis Amoris et Veneris. Aloisia Hispanice scripsit, Latinitate donavit Joannes Meursius (re vera auctore Nicolao Chorier. Parisiis, cura et studio Isidori Liseux, 1885, in-16, br. 6 fr.

xxxvi-344 pages.
Ce livre, dont il a été fait d'innombrables éditions sous le titre de Joannis Meursii Elegantiæ Latini sermonis, est en réalité l'œuvre d'un jurisconsulte Français du xviie siècle, Nicolas Chorier : un écrivain nourri du plus pur miel de l'Antiquité ; le dernier Classique Latin, comme Bossuet le dernier Père de l'Eglise. Déjà, il y a près d'un siècle et demi, les éditeurs de la collection Barbou lui assignaient sa place, entre Virgile et « l'Imitation de Jesus-Christ ». Les litanistes contemporains seront heureux de le retrouver ici, dans une édition plus correcte et plus lisible qu'aucune de ses devancières.

3355. Cohen (Henry). Guide de l'amateur de livres à vignettes et à figures du xviiie siècle, 4e édition. Paris, Rouquette, 1880, gr. in-8, demi-rel. toile. 26 fr.

3356. **Collection** de sculptures antiques, grecques et romaines, trouvées à Rome dans les ruines des Palais de Néron et de Marius. Paris, Joullain, 1755, in-4 demi-rel. vélin blanc. **20 fr.**

Contenant 61 planches.

3357. **Confessions** of Miss Coote à most voluptuous and refined collection of ten letters respecting her expériences as 2 flagelland. Londen, Printed, for the sociéty of vice, 1892, 2 vol. in-12 br. **40 fr.**

3358. **Cornazano** (Antonio). Les Proverbes en facéties d'Antonio Cornazano (xve siècle). Traduit pour la première fois, texte Italien en regard. Paris, 1884, in-16 br. (Occ.). **12 fr.**

XXIV-204 pages. Tiré à 200 exempl. Un des plus agréables recueils de Nouvelles que nous ait légués l'Italie des xve et xvie siècles, si riche en ce genre de littérature. L'idée de prendre des proverbes usuels et de leur assigner au moyen d'une historiette plaisante, une origine tout à fait imprévue, et des plus ingénieuses ; elle vaut surtout, chez Cornazano, par la façon dont il l'a mise en œuvre · l'originalité de l'intention, la rapidité du récit, la finesse des sous-entendus, l'art de tout dire sans trop choquer les chastes oreilles. Ces contes libres ont la grâce de ceux de Boccace et le piquant des Facéties de Pogge.

3359. **Corneille Blessebois**. Le Lion d'Angelie, précédé d'une notice sur le style romanesque et réponse aux attaques contre Corneille Blessebois, par Marc de Montifaud. Bruxelles, Lacroix, s. d. pet. in-8 br., papier de Hollande. **5 fr.**

3360. **Corpet**. Enigmes de C. Symposuis, revues sur plusieurs manuscrits et traduites en vers français. Paris, 1868, in-8 demi-percal. lavall. n. rogné. **3 fr.**

Joli volume imprimé par Jouaust.

3361. **Costumes**. Picturesques Representations of the dress and manners of the Chinese. illustrated in fifty coloured engravings, with descriptions by William Alexander. London, J. Goodwin, s. d.. pet. in-4, mar. gren. à long grain. dos orné, large dent. sur les pl., tr. dor. (Rel. anglaise). **45 fr.**

50 planches coloriées.

3362. **Countess of Lesbos** (The), or the new Gamiani. By E. D. author of « My amours with Victoria »: 12°, on Toned Paper. **L 1-10-0**

Limited to 150 Copies. Printed for Private circulation only.
In this interesting work thi worship of the Lesbian Venus is portrayed in a most skillfull and entertaining manner, there is not a dull page to be found in the entire work ; is full of action from first to last.

3363. **Cousin** (Jean). Recueil des œuvres choisies. Publiées avec une introduction par A. Firmin-Dicot. Paris. Didot, 1873, in-fol. en feuilles dans un carton. **22 fr.**

41 planches dont 4 en couleurs.

3364. **Crébillon** (Fils). L'Ecumoire. Histoire Japonaise avec les curieuses figures de l'édition. (A Pékin 1733), Bruxelles, 1884, in-8 demi-maroq. rouge avec coins, tête dor. n. rog. dos orné, couv. (Bretault). **12 fr.**

3365. **Crébillon** (Fils). Tanzaï et Néadarné. Histoire Japonaise. A Pékin, 1740, 2 vol. in-18 veau. **4 fr.**

La reliure n'est pas uniforme.

3366. **Crevier**. Histoire des empereurs Romains, depuis Auguste jusqu'à Constantin. Paris, 1750, 6 exempl. in-4 veau. **15 fr.**

Bel exemplaire.

3367. **Daguin**. Traité élémentaire de physique théorique et expérimentale avec les applications à la météorologie et aux arts industriels, 3e édition. Toulouse et Paris, 1867, 3 vol. in-8 demi-chag. vert, plats toile. **8 fr.**

Nombreuses figures.

3368. **Debreyne** (P.-J.-C.). Essai sur la théologie morale, considérée dans ses rapports avec la physiologie et la médecine, ouvrage spécialement destiné au clergé. Paris, Poussielgue, 1842, in-8 demi-veau fauve. **10 fr.**

Très rare.

3369. **Delvau** (Alfred). Histoire de la Révolution de Février. Paris, Blosse et Garnier, 1850, in-8 br. n. rog. couv. **10 fr.**

1re édition.

3370. **Delvau** (Alf.). Au bord de la Blèvre. Impressions et souvenirs. Nouvelle édition. Paris, Pincebourde, 1873, pet. in-8 demi-mar. gren. avec coins, tête dor. n. rog. couv. (Bretault). **7 fr.**

3371. **Derôme**. Le luxe des livres. Paris, Rouveyre, 1879, in-12, tiré in-8 br. **6 fr.**

Exemplaire sur papier de Chine.

3372. **Déroulède** (Paul). Histoire d'amour. Paris, Lévy, 1890, pet. in-8 demi-rel. mar. orange avec coins, tête dor. non rogné. **25 fr.**

Exemplaire sur papier de Hollande contenant 1 aquarelle originale sur le faux titre de Coindre.

Achat de Bibliothèques

3373. Desmarest. L'ancienne Jonction de l'Angleterre à la France, ou le Détroit de Calais, par Nicolas Desmarest, de l'Académie des Sciences (xviiie siècle). Avec deux Cartes topographiques et un Profil ou Coupe des différents fonds du canal de la Manche. Paris, 1875, gr. in-18. 1 fr. 50

L'auteur démontre que le Détroit ou Pas de Calais a été formé par la rupture d'un isthme qui reliait l'Angleterre à la France. Les détails qu'il accumule sur la topographie et la constitution géologique de cet isthme, sont des plus précieux pour l'étude du Tunnel projeté sous la Manche.

3374. Desmoulins (Camille). Le vieux Cordelier, journal, (7 numéros), avec la copie de la copie de la lettre écrite par Camille Desmoulins à sa femme, datée de la prison du Luxembourg. Paris, an II de la république, petit in-8, dérel. 5 fr.

Très rare.

3375. Dictionnaire des Anoblis. 1270-1878, suivi du dictionnaire des familles qui ont fait modifier leurs noms, 1803-1870. Paris, Bachelin-Deflorenne, 1875, in-8 br. 15 fr.

3376. Dionis (Mlle). Origine des grâces. Paris, 1777, in-8 demi-rel. chag. 50 fr.

1 frontispice et 5 figures de Cochin.

3377. Du Bellay. Joach. du Bellay, Angevin. La défense et illustration de la langue françoise, avec l'Olive de nouv. augmentée, la Musagnœomachie, l'Anterotique de la vieille et de la jeune amye, vers lyriques, etc. — Deux livres de l'Eneide de Virgile, le quatrième, et sixième, trad. en françois. — La Monomachie de David et de Goliath, ensemble plus autres œuvres poétiques. — Recueil de poésie présenté à très illustre princ. Margueritte de Navarre. — — Discours au roy sur la trefve de l'an M.D.L.V. — Epithalame sur le mariage de très illustre prince Philibert-Emmanuel de Savoye et très illustre princ. Marguerite de France. — Tumulus Henrici secondi Gallorum regis. — Ode sur la naissance du petit duc de Beaumont, fils de Mgr de Vandosme, roy de Navarre. — Elégie sur le trespas de feu Joach. du Bellay, Ang., par G. Aubert de Poictiers. Paris, Frédéric Morel, 1561, 10 pièces en 1 vol, pet. in-4, maroq. Laval., riches compartiments à la Grolier avec mosaïque de maroq. citron et noir, entrelacé et fers azur., sur le dos et les plats, dent. int., tr. dor. (Chambolle-Duru). 600 fr.

Réunion de pièces rares en très belle condition. — La reliure en mosaïque de Chambolle-Duru est une des mieux réussies de cet artiste.

3378. Du Bellay (Joachim). Divers Jeux rustiques et autres œuvres poétiques de J. du Bellay, Angevin. Collationné sur la première édition, (1558). Paris, Liseux, 1876, pet. in-18 br. 2 fr.

« Les plus agréables vers qui soient sortis de la plume de Joachim Du-Bellay. » (Sainte-Beuve).

3379. Dulaure. Des divinités génératrices, ou du culte du Phallus chez les anciens et les modernes. Réimprimé sur l'édition de 1825, revue et augmentée par l'auteur. Paris, 1885, in-8 br. 10 fr.

XVI-424 pages. Tiré à 700 exempl.

Il est inexact de dire, comme on le lit dans plusieurs catalogues, que l'édition de 1825 fut supprimée. « quoique l'auteur y ait fait des retranchements. » Dulaure n'a rien retranché ; il a, au contraire, ajouté. Ce que l'on peut dire, c'est qu'aucune de ces additions, simples développements d'idées ou de faits déjà exposés, n'était de nature à justifier une condamnation, car l'ouvrage, tel qu'il avait paru en 1805, n'outrageait en rien la morale. On a suivi dans cette réimpression le texte de 1825, plus complet. plus correct, et que l'auteur s'était efforcé de rendre définitif.

3380. Ecole (L') des pères et mères par rapport aux dangers des mariages faits par des vues d'ambition et d'intérêt ou recueil d'histoires touchantes et véritables de divers pareils cas très malheureux pour les parents aussi bien que pour les jeunes gens des deux parties. Francfort et La Haye, 1768, in-12 demi-veau fauve. 3 fr.

3381 Edict du roy, portant règlement général pour les eaux et forêts. Vérifié en la cour de Toulouse, le 5 février 1670. Toulouse, R. Bosc. 1673, in-12 veau, fil., (rel. moderne). 4 fr.

3382. Eloge funèbre et historique de très court, très épais. et tout adroit citadin Monsieur maître Nicodème Pantaléon-Tire-Point, bourgeois de Paris, maître et marchand tailleur d'habits, ancien marguillier de sa paroisse, prononcé le 3 juin 1776. par Boniface Prêt-à-Boi-e, son premier garçon et associé. S. l. 1776, in-8 cartonné. 5 fr.

Rare et curieux.

3383. Enfant sage (L') à trois ans avecque la semilitude de l'enffant proudigue. Paris, Aubry, 1854, in-8

Et de Livres anciens et modernes

br. caract. goth. papier vergé. 3 fr.

Réimpression faite à 52 exemplaires.

3384. Equitation militaire (Cours d'), à l'usage des corps de troupes à cheval. Saumur et Paris, 1830, 2 vol. in-8 demi-veau. 8 fr.

20 planches.

3385. Erasme de Rotterdam. La Civilité puérile, trad. nouvelle, texte latin en regard précédés d'une notice sur les livres de Civilité depuis le xvi siècle par Alcide Bonneau. Paris, 1877, in-18 br. papier de Hollande. 3 fr.

3386. Erasme. Eloge de la folie, trad. par Victor Develay. Paris, Jouaust, 1872, demi-chag., lavall. avec coins, tête dor, n. rogné. 10 fr.

Orné de vignettes d'après Hans Holbein.

3387. Estienne (Henri). La foire de Francfort (Exposition universelle et permanente au XVI siècle), par Henri Estienne, traduit en français pour la première fois sur l'édition originale de 1574, par Isidore Liseux, texte latin en regard. Paris, 1875, in-18. br. 3 fr.

La Foire de Francfort était, au XVI siècle, le rendez-vous annuel des inventeurs, des marchands, et notamment des libraires de toute l'Europe. C'est là que fut exhibée, entre autres inventions, celle du tourne-broche, que le savant imprimeur célèbre avec enthousiasme.

3388. Etat présent de la noblesse française, contenant : 1° Une étude sur la noblesse; 2° l'état des souverains d'Europe ; 3° l'état des ambassadeurs ; 4° l'état des ministres, sénateurs et députés français; 5° le dictionnaire de la noblesse contemporaine avec les noms, qualités et domicile de plus de vingt mille nobles et un grand nombre de notices généalogiques avec blasons; 6° la liste générale des personnes qui, depuis 1803 jusqu'à ce jour, ont fait changer ou modifier leurs noms. Paris, Bachelin Deflorenne, 1866, gr. in-8, br. 8 fr.

3389. Etincelle. Carnet d'un mondain, gazette parisienne, anecdotique et curieuse. Paris. Rouveyre, 1881, in-8, demi-mar. rouge avec coins, tête dor, éb., dos orné. 7 fr.

Illustrations de A. Ferdinandus.

3390. Favart. L'Anglois à Bordeaux, comédie en un acte et en vers libres. Paris, Duchesne, 1763, pet. in-8 percal. 3 fr.

3391. Fabre (A.). Trésor de la Sainte-Chapelle des ducs de Savoie au château de Chambéry, d'après les inventaires inédits des xve et xvie siècles. — Etude historique et archéologique. Lyon, Scheuring, 1875, in-8, papier teinté, broché. 3 fr.

Tirage à petit nombre.

3392. Favre (Louis). Estienne-Denis. Pasquier, chancelier de France, 1767-1862. Souvenirs de son dernier secrétaire. Paris, Didier, 1870, in-8, br., port. 4 fr.

3393. Fenin (Pierre de). Mémoires, comprenant le récit des événements qui se sont passés en France et en Bourgogne sous les règnes de Charles VI et Charles VII (1407-1427). Paris, Renouard, 1837, in-8, demi-veau fauve, tr. jasp. 5 fr.

3394. Firenzuola. Tales of Firenzuola (xvi^th century). Literally translated into English One volume, Elzevirian size (250 pages) Price : 10s = 12 fr. 50

Firenzuola is more than a pleasing story-teller : he is a masterly writer, who adapts a nervous style to the service of an imagination naturally voluptuous. His tales give pleasure by their free allure, jovial tone and the perfect finish of their style.

3395. Fouquet. OEuvre de Jehan Fouquet chef de l'école de Tours au xve siècle, peintre des rois Charles VII et Louis XI. Paris, Curmer, 1866, 2 vol. in-4, demi mar. vert avec coins, tête dor., n. rog. 180 fr.

Reproduction par la chromo-lithographie des miniatures connues de Jehan Fouquet.

3396. France mourante (La). Consultation historique à 3 personnages : le chancelier de l'Hôpital ; le capitaine Bayard, dit le chevalier sans reproche ; la France malade. Paris, Crapelet, 1829, gr. in-8, demi-cuir de Russie avec coins, tête dor., n. rog., papier vélin. 6 fr.

3397. Francisque (Michel). Les Portugais en France. Les Français en Portugal. Paris, Guillard, Aillaud, 1882, in-8 br., n. c. 3 fr.

Trois reproductions de sceaux et un fac-similé d'une lettre de Marie de Savoie, reine de Portugal.

3398. Franck (Félix). La Chanson d'amour, poésies. Paris, Charpentier, 1885, in-12 br. 4 fr.

Exemplaire sur papier de Hollande.

3399. Franklin (Alfred). Précis de l'histoire de la Bibliothèque du roi aujourd'hui bibliothèque nationale. 2e édition corrigée et très augmentée. Paris, L. Willem, 1875, in 8, percal. gren., n. rog. 5 fr.

3400. **Franklin** (Alfred). Journal du siège de Paris en 1590. Rédigé par un des assiégés, publié d'après le manuscrit de la bibliothèque mazarine et précédée d'une étude sur les mœurs et coutumes des parisiens au xvie siècle. Paris, Willem, 1876, in-8 br., figure. Au lieu de 12 fr. 3 fr.

— Le même sur papier Wathman. Au lieu de 30 fr. 10 fr.

3401. **Frappez** mais écoutez. A Paris, an v (1796), in-8, cart. n. rog. 3 fr.

Curieux pamphlet sur les acquéreurs de biens nationaux.

3402. **Frégier** (H.-A. Des classes dangereuses de la population dans les grandes villes et moyens de les rendre meilleures. Paris, Balliéré, 1840, 2 vol. in-8, demi-veau vert avec coins, tr. pcig. 8 fr.

3403. **Frémond-d'Ablancourt** (De). Dialogues de la santé. Paris, chez Jean de la Caille, 1683, in-12 veau. 2 fr.

3404. **Gilles** (Nicole). Les Chroniques et Annales de France, revueues, corrigées et augmentées par F. de Belleforest. Ensemble tous les portraits des roys, en taille-douce, plus la saincteté du roy dict Clovis, par M. Jean Lavaron. A Paris, chez P. Chevalier, 1621, in-fol. mar. rouge, fil., tr. dor., (rel. ancienne un peu fatiguée). 25 fr.

Exemplaire en grand papier et réglé. Les pl. de portraits sont remontées.

3405. **Gillray** (James). The Works from the original plates with the addition of many subjects not before collected. London, Bohn, 1851, 2 vol. in-fol. demi-rel. mar. rouge avec coins, tr. dor. 150 fr.

Nombreuses planches de caricature.

3406. **Giovanni**. Nouvelles, choses extraites du Pecorone de ser Giovanni Florentino, (xvie siècle), traduites en français pour la première fois par Marcel Lallemend. Paris, 1881, in-16. br. 7 fr.

Ecrites dans le goût du temps, ces nouvelles sont réunies entre elles par un cadre que l'auteur veut rendre romanesque. On y sent les traditions empruntées aux vieux chroniqueurs italiens, non sans quelque similitude avec les anciens fabliaux français. « Les philosophes toscan, dit Ginguené dans son histoire littéraire d'Italie, placent l'auteur du Pecorone fort peu au-dessous de Boccace. »

3407. **Girard**. France et Chine, vie publique et privée des Chinois anciens et modernes, passé et avenir de la France dans l'Extrème-Orient. Paris, 1869, 2 vol. in-8, br. 4 fr.

3408. **Girardin** (Emile de). Les droits de la pensée, questions de la presse, 1830-1864. Paris, 1864, in-8 br. 2 fr.

3409. **Giron** (Aimé). Les cordes de fer (1870-71), poésies et poëmes. Paris, Lemerre, 1873, in-8, br. pap. teinté. 2 fr.

Avec une eau-forte de Léopold Flameng.

3410. **Givodan** (Léon de). Histoire des classes privilégiées dans les temps anciens. Paris, 1861, 2 vol. in-12, demi-veau fauve. 3 fr.

3411. **Godard d'Aucourt**. Mémoires Turcs. Paris, Quantin, 1882, in 8, br. 4 fr.

Portrait à l'eau-forte.

3412. **Godwin** (William). Saint-Léon, histoire du xvie siècle. Traduit de l'anglais. Paris, 1800, 3 vol. in-12, demi-veau fauve, figures. 10 fr.

3413. **Gombauld**. Les Epigrammes de Gombauld divisées en trois livres. Paris, Courbé, 1657, in-12, mar. r. dos orné. fil., dent. int., tr. dor. (Capé.) 35 fr.

Bel exemplaire très grand de marges. Hauteur : 151 mill.

3414. **Goncourt** (Edm. et J. de) Germinie Lacerteux. Paris, Quantin, 1886, in-8, demi-mar. rouge avec coins, tête dor., n. rog., couv. 20 fr.

10 compositions par Jeanniot, gravées à l'eau-forte par L. Muller.

3415. **Gresset**. Ver-Vert ou les voyages du Perroquet de la visitation de la visitation de Nevers, poëme héroïcomique en quatre chants. Nouvelle édition par G. d'Heylli. Paris, 1877, in-8, demi-rel. mar. rouge, coins, tête dor., non rog. 14 fr.

Superbe exemplaire avec les eaux-fortes de Guillaumot.

3416. **Guénébault**. Le Réveil de Chyndonax, prince des Vacies, Druydes celtiques, dijonois, avec la saincteté, religion et diversité des cérémonies observées aux anciennes sépultures, par J. G. D. M. D. (Guénébault. Dijon, Claude Guyot, 1621, pet. in-4, lig., mar. r., fil., tr. dor. (Rel. anc.). 65 fr.

Exemplaire avec la planche qui représente le tombeau et l'urne.

3417. **Giuseppe** Passi. I Domeschi diffiti miovamente formati, e posti in luce. Contre Tavole : la prima delle cose contenute nell' opera, la seconda dé gli Auttori, et la terza delle cose notabili. In Venetia, 1599, pet. in-4, demi-chag., plats toile 5 fr.

3418. **Gynecocracy**. A. narrative of the adventures psychological experiences of Julian Robinson. Paris and Rotterdam, 1893, 3 vol. in-12, br. 70 fr.

3419. **Henry** (Gabriel). Histoire de la langue française. Paris, Leblanc, 1812, 2 vol. in-8, demi-veau vert, n. rog. 5 fr.

3420. **Hermann** (J.). Le drame lyrique en France depuis Gluck jusqu'à nos jours. Paris, Dentu, 1878, in-8, demi-mar. gren., tr. jasp. 10 fr.

3421. **History** of flagellation annomy different nations. A narrative of the strange customs and cruelties of the romains, greeks, egyptians, etc. London, 1888, in-8 vélin. 15 fr.

3422. **Hugo** (V.). Napoléon le petit. Amsterdam. 1853, in-18, demi-mar. rouge avec coins, tête dor., n. rog., dos orné (Bretault). 6 fr.

3423. **Hugo** (Victor). Histoire d'un crime, déposition d'un témoin. Paris, C. Levy, 1872, 4 part. en 2 vol. in-8, br. 6 fr.

3424. **Hugo** (Victor). L'Art d'être grand-père. Paris, C. Lévy, 1877, in-8, br. 3 fr.

3425. **Hugo** (Victor). L'Année terrible. Paris, E. Huges, s. d., gr. in-8, demi-percal. verte, couv. 3 fr.

Illustrations hors texte et dans le texte.

3426. **Hugo** (Victor). Choses vues. Paris, Hetzel et Quantin, 1887, in-8, br. 6 fr.

1re édition.

3427. **Hugo** (V.). Ruy-Blas. Drame en cinq actes. Paris, Conquet, 1889, gr. in-8, br. 100 fr.

Exemplaire sur papier du Japon, contenant 42 eaux-fortes d'Adrien Moreau en 2 états avec et avant lettre.

3428. **Ideville** (le Cte d'). Le Maréchal Bugeaud, d'après sa correspondance intime et des documents inédits (1784-1849). Paris, Didot, 1881, 3 vol. in-8, br., port. 10 fr.

3429. **Ideville** (Henry d'). M. Beulé. Souvenirs personnels suivis des dis cours prononcés sur la tombe de M. Beulé. Paris, M. Lévy, 1874, in-8, demi-percal. n. rog., couv. 2 fr.

3430. **Instruction** pour les gardes

nationales arrêtée par le Comité militaire et imprimée par ordre de l'Assemblée nationale du 1er Janvier 1791. Paris, 1791, de l'Impr. Nationale, in-8, demi-rel. perc. avec coins, non rog. 5 fr.

17 planches.

3431. **Instructions** du comité historique des arts et monuments. Architecture gallo-romane, et architecture du moyen-âge. Instructions sur la musique. Paris, Imp. impériale, 1857, in-4, demi-veau fauve, tr. jasp. 7 fr.

7 planches.

3432. **Inventaire** général des richesses d'art de la France. Paris. Plon, 1879, 3 vol. in-4, demi-vélin blanc, n. rog. 8 fr.

Comprenant : Paris. Monuments religieux. tome 1er. — Paris, Monuments civils, tome 1er. — Province, tome 1er.

3433. **Inventaire** des œuvres d'art appartenant à la Ville de Paris. Paris, Chaix, 1880, gr. in-8, percal. verte n. rog. 12 fr.

Comprenant : Edifices religieux, 2 vol. — Arrondissement de Sceaux, tome 2. — Edifices divers, 1 vol. — Edifices civils, tome 1er. — Arrondissement de St-Denis, tome 1er.

3434. **Jacquemont** (V.). Correspondance avec sa famille et plusieurs de ses amis pendant son voyage dans l'Inde. 1828-32. Paris, Garnier, 1841, 2 vol. in-8, demi-percal. 5 fr.

3435. **Jal** (A.). Esquisses, croquis, pochades, ou tout ce qu'on voudra sur le Salon de 1827. Paris. Dupont, 1828, in-8, demi-veau viol., tr. jasp., dos orné. 12 fr.

Lithographies pliées.

3436. **Jamyn** (Amadis). Les œuvres poétiques d'Amadis Jamyn. Au roy de France et de Pologne. Paris, Rob. Le Mangier, 1575, pet. in-4, réglé, mar. rouge, médaillon à feuillages aux petits fers sur le dos et au milieu des plats, dent. int., tr. dor. (Cuzin). 250 fr.

Première édition, rare, d'une remarquable impression. — Très bel exemplaire.

3437. **Jeaurat** (Edme-Séb.). Traité de perspective à l'usage des artistes, où l'on démontre géométriquement toutes les pratiques de cette science, et où l'on enseigne selon la méthode de M. Le Clerc. Paris, Jombert, 1750, in-4, veau marb. 10 fr.

110 planches.

3438. **Joliet** (Ch.). Les Pseudonymes

du jour. Paris, A. Faure, 1867, in-12,
demi-percal. rouge, n. rog.   2 fr.

1re édition.

3439. **Jurieu.** Histoire critique des
dogmes et des cultes, bons et mau-
vais, qui ont été dans l'Eglise depuis
Adam jusqu'à Jésus-Christ, où l'on
trouve l'origine de toutes les idola-
tries de l'ancien paganisme, expli-
quées par rapport à celles des Juifs.
Amsterdam, 1704, in-4, veau.   15 fr.

Superbe frontispice. Figures.

3440. **Kaleidoscope of vice** (The).
True anecdotc of my amours with
ou professionnal beau'ies, illustrious
fuckstresses, fashionable friggers,
perfect ladies, and titled tribades. By
A., Masher. London, 1884, in-12, cart.
                                  30 fr.

This work is rendered from ov rather
based upon the well knovren French
work « Les Tableaux vivants ».

3441. **Karr** (Alph.). Clotilde. Paris,
Descssart, 1839, 2 tomes en 1 vol.
in-8, demi-rel.   3 fr.

3442. **Kastner** (G.). Grammaire musicale, comprenant tous les principes
élémentaires de musique, la mélodie.
le rhythme, l'harmonie moderne et
un aperçu succinct des voix et des
instruments. à l'usage des amateurs
et des artistes, dédiée à M. Giacomo
Meyerbeer. Paris, Lemoine, s. d., gr.
in-8 br. Au lieu de 30 fr.   3 fr.

Texte et musique entièrement gravés.

3443. **Labarte** (Jules). Dissertation
sur l'abandon de la glyptique en
Occident au moyen-âge et sur l'époque de la Renaissance de cet art.
Paris, Morel, 1871, in-4, br.   4 fr.

1 planche.

3444. **Lacombe** (Paul). Bibliographie
parisienne. Tableaux de mœurs (1660-
1880). Avec une préface par M. J.
Cousin. Paris, Rouquette, 1887, gr.
in-8, percal., tête jasp., n. rog., couv.
                                  12 fr.

3445. **La Croix** (De). Dictionnaire
historique des sièges et batailles mé-
morables de l'histoire ancienne et
moderne ou anecdotes militaires de
tous les peuples du monde. Paris,
Vincent, 1771, 3 vol. in-8, veau.
                                  12 fr.

3446. **Lacroix** (Paul). Convalescence
du vieux conteur, par P. L. Jacob.
Paris, V. Magen, 1833, in-8, demi-
mar. vert avec coins, tête dor.,
n. rog.   30 fr.

La Convalescence, 1832. — Les Ma-
rionnettes, 1617. — Le Diable, 1628. —

La Cloche, 1690. — Le Manuscrit, 1767.
Edition originale.

3447. **La Fontaine.** Fabulas morales
escogidas de Juan de La Fontaine.
En verso Castellano. Madrid, 1787,
2 vol. in 4, mar. rouge, tr. dor.,
(reliure ancienne).   20 fr.

3448. **La Fontaine.** Fables avec figures (dessinees par Vivier), gravées
par MM. Simon et Coiny. Paris. Bos-
sange, 1796, 4 vol. in-8, veau, fil.,
tr. marb.   100 fr.

1 frontispice et 275 figures. Bel exemplaire en grand papier. Rare.

3449. **La Fontaine.** Fables. Paris,
Hachette. 1868. pet. in-fol. demi-chag.
rouge, plats toile.   20 fr.

Illustrations de Gust. Doré.

3450. **La Fontaine.** Fables, publiées
par D. Jouaust, avec l'éloge de La
Fontaine par Chamfort. Paris, Jouaust,
1885, 2 vol. in-8, demi-mar. rouge
avec coins, tête dor. n. rog., couv.
                                  40 fr.

Dessins d'Emile Adan, gravés à l'eau-
forte par Le Rat.
Exemplaire sur papier de Hollande.

3451. **La Guerinière.** Ecole de cavalerie, contenant la connaissance, l'instruction et la conservation du cheval.
Paris, J. Guérin, 1736, 2 vol. in-8,
veau, tr. rouges.   35 fr.

Portrait., front. et gravures de Parrocel.

3452. **La Hodde** (Lucien de). Stro-
phes et chansons politiques. Paris.
Wiart, 1845, in-12, demi-percal., cart.
bradel, n. rog.   3 fr.

Frontispice allégorique.

3453. **La Hodde** (Lucien de). Histoire des sociétés secrètes et du parti
républicain de 1830 à 1848. Louis-
Philippe et la Révolution de Février.
Paris, 1850. in-8 br.   3 fr.

3454. **La Huguerye** (Michel de).
Mémoires inédits, publiés d'après les
manuscrits autographes pour la
Société de l'histoire de France par le
baron A. de Ruble. Paris, Renouard, 1877, 3 vol. in-8 br.   15 fr.

3455. **Lalanne** (Max.). Chez V. Hugo
par un passant. Paris, Cadart, 1864,
in-8, percal., tête jasp., n. rog., couv.
                                  7 fr.

12 eaux-fortes.

3456. **Lally-Tolendal.** Défense des
émigrés français. adressée au peuple
français., Paris, 1797, in 8 cart. n.
rog.   3 fr.

3457. **Lamartine.** Correspondance,

publiée par Mme Valentine de Lamartine (1807-1820). Paris, Hachette et Furne, 1873, 2 vol. in-8, br.   6 fr,

3458. Lamartine. OEuvres. Paris, Gosselin, 1845-48, in-12, br.

Premières méditations, 1 vol.   3 fr.
Recueillements poétiques, 1 vol. 3 fr.
Jocelyn, 1 vol.   3 fr.

3459. Lamartine (De). La mort de Socrate, poëme. Paris, Ladvocat, 1823, in-8, br.   5 fr.

Edition originale.

3460. Lamothe-Langon (le baron de). L'Empire ou dix ans sous Napoléon. Paris, Allardin, 1836-37, 4 vol. in-8, br.   16 fr.

Les tomes 1 et 2 sont de la 2e édition.

3461. La Motraye (A. de). Voyages en Europe, Asie et Afrique. Où l'on trouve une grande variété de recherches géographiques, historiques et politiques sur l'Italie, la Grèce, la Turquie, la Tartarie, Crimée et Nogaye, la Circassie, la Suède, la Laponie, etc. La Haye, Johnson, 1727, 2 vol. in-fol. veau.   35 fr.

Nombreuses planches et cartes.

3462. La Rochefoucauld. Réflexions ou sentences et maximes morales. Edition Louis Lacour. Paris, Jouaust, 1868, in-8, br. papier vergé.   10 fr.

3463. La Roque (de). Traité de la Noblesse et de toutes ses différentes espèces. Nouvelle édition augmentée des Traités du Blason des Armoiries de France : de l'origine des noms, sur-noms et du Ban et Arrière-Ban. Rouen, 1734, in-4, veau, dos orné.   30 fr

Armoiries sur les plats.

3464. Lauraguais (le Cte de). Recueil de pièces historiques sur la convocation des Etats-Généraux, et sur l'élection de leurs députés. A Paris, ce 20 septembre 1788, in-8, percal. rouge, n. rog.   3 fr.

3465. Laverdant (Désiré). Les Renaissances de Don Juan, histoire morale du théâtre moderne Paris, Hetzel, 1864, 2 vol. in-12, demi-veau fauve, tr. jasp.   3 fr.

3466. Lebeuffe (T.). Un Monument lithographique. Voyages pittoresques et romantiques dans l'ancienne Franche, par le B^{ron} Taylor. Paris, Th. Belin, 1893, broch. in-8 de 14 pp.   1 fr. 50

3467. Le Bret. La Nouvelle Lune, ou histoire de Pœquilon. Amsterdam, et se trouve à Lille, chez Henry, 1770,

2 part. en 1 vol. in-12, demi-chag. rouge.   4 fr.

3468. Le Carpentier (Jean). Histoire de Cambray et du Cambrésis. Contenant les éloges des familles nobles et patrices qui s'y sont rendues recommandables, monastères et hôpitaux, etc. Leide, chez l'auteur, 1664, 4 parties en 2 vol. in-4, veau marb. ancien, cartes.   50 fr.

Ouvrage très rare. La planche des Etats manque.

3469. Le Clerc (Sébastien). OEuvres choisies de Sébastien Le Clerc, chevalier romain, dessinateur et graveur du cabinet du roi. Paris, Lamy, 1784, in-4, veau, fil., tr. dor., dos orné.   70 fr.

239 estampes, dessinées et gravées par ce célèbre artiste.

3470. Le Comte (Louis). Nouveaux Mémoires sur l'état présent de la Chine. Amsterdam, H. Desbordes, 1698, 2 tomes en 1 vol. in-12, vélin blanc, figures.   5 fr.

3471. Le Féron (Jean). Les Armoiries des connestables, grands maistres, admiraux, mareschaux de France et prevosts de Paris depuis leur premier établissement, jusques au très-chrestien roy de France et de Navarre, Louys XIII. Paris, Cl. Morel, 1628, in-fol., veau, fil.   40 fr.

Nombreux blasons.

3472. Le Fèvre (Ant.-Mart.). Description des curiosités des églises de Paris et des environs. Paris, Gueffier, 1759, in-12, veau.   10 fr.

3473. Le Gendre (Ch.). Des Antiquités de la Maison de France et des Maisons Mérovingienne et Carlienne. Paris, Briasson, 1739, in-4, veau, marb.   40 fr.

Frontispice de Scotin.

3474. Le Roux de Lincy et **Douët-d'Arcq.** Registres de l'hôtel-de-ville de Paris pendant la Fronde, suivis d'une relation de ce qui s'est passé dans la ville et l'abbaye de Saint-Denis à la même époque. Paris, Renouard, 1846, 3 vol. in-8, demi-veau fauve, tr. jasp.   15 fr.

3475. Leroy (Ch.). Guide du duelliste indélicat. Paris, Tresse, 1884, in-12, br.   1 fr. 50

Illustrations de Uzès.

3476. Lescure (de). Les autographes en France et à l'étranger, portraits, caractères, anecdotes, curiosités. Paris, J. Gay, 1865, gr. in-8 br.   8 fr.

Achat de Bibliothèques

Un des 50 exemplaires sur papier vergé.

3477. **Lescure** (de). Jeanne d'Arc, l'héroïne de la France. Paris, Ducrocq, gr. in-8, demi-chag. rouge, plats toile, tr. dor. 5 fr.

Orné de 12 gravures sur acier par Léopold Flameng.

3478. **Lettres** ou voyage pittoresque dans les Alpes, en passant par la route de Lyon et le Mont-Cenis, suivi d'un recueil de vues des monuments antiques de Rome et des principales fabriques pittoresques de cette ville en 48 planches et un frontispice. Paris, 1806, in-4, veau porphyre. 10 fr.

Dessinées d'après nature et gravées à la manière du bois par Baltard.

3479. **Littré**. La vérité sur la mort d'Alexande le Grand. — La mort de Jules César, par Nicolas de Damas. Paris, Pincebourde, 1865, in-12 carré demi-mar. viol., tête dor., n. rog. (Champs). 4 fr.

Frontispice avec portraits à l'eau-forte de Ulm.

3480. **Livet** (Ch.). Les Intrigues de Molière et celles de sa femme, ou la fameuse Comédienne. Histoire de La Guerin. Paris, Liseux, 1877, in-8, br. Au lieu de 12 fr. 5 fr.

3481. **Longus**. Les pastorales de Longus ou Daphnis et Chloé, traduction d'Amyot. Paris, Lemerre, 1873, in-12, percal., n. rog. 1 fr.

3482. **Love and safety** ; or, Love and Lasciviousness with Safety and Secrecy, a lecture, delivered with practical illustrations, by the Empress of Asturia, (the Modern Sappho) ; assisted by her favourite Lizette and others.

This work, which is entirely practical, is written by a new author, aand without doubt a most clever and masterly production. 50 fr.

« Out of the nettele danger the flower
[satefy. »

Poem by Thingumy.
Though shalt not be found out,
XIth Commandment, Old Test., rev. ver.

« Copulation without population ».
Housshold Words.

3483. **Lovenjoul** (Ch. de). Histoire des œuvres de H. de Balzac. Paris, Lévy, 1879, gr. in-8, br. 3 fr.

3484. **Mailly** (Maison de). Extrait de la Généalogie de la maison de Mailly suivi de l'histoire de la branche des comtes de Mailly marquis d'Haucourt et de celles des marquis du Quesnoy

dressé sur les titres originaux sous les yeux de M. de Clairembaut. Généologiste des ordres du Roy et pour l'histoire par M***. Paris, de l'imprimerie de Ballard, 1757, in-4, veau, tr. rouges. 50 fr.

Nombreux blasons.

3485. **Maistre** (Xavier de). Voyage autour de ma chambre. Nouvelle édition. Paris, Tardieu, 1860, in-12, demi-chag. rouge n. rog., figures. 15 fr.

Exemplaire sur papier de Chine.

3486. **Malfilâtre**. Narcisse dans l'île de Vénus, poème en quatre chants. Paris, Lejay (1769), in-8, veau marb. 25 fr.

Titre par Eisen, gravé par de Ghendt, et 4 figures par Gabriel de Saint-Aubin, gravées par Massard. On a relié dans le même vol. quelques autres pièces.

3487. **Malingre** (Claude). Les annales générales de Paris, représentant tout ce que l'histoire à peu remarquer de ce qui s'est passé de plus mémorable depuis sa première fondation jusqu'à présent. Paris, Racolet, 1640, in-fol., veau, fil. 20 fr.

Ouvrage peu commun.

3488. **Mallat de Bassillan**. L'Amérique inconnue d'après le journal de voyage de J. de Brettes. Paris, Didot, 1892, in-12, demi-rel. toile, port., couv. 3 fr.

3489. **Malo** (Charles). Lettres d'Horace Walpole, depuis comte d'Orford, à Georges Montagu. Paris, Janet, 1818, in-8, demi-rel. mar. violet. 3 fr.

3490. **Mangenot** (l'abbé). Poésies. A Maestricht, 1776, 2 part. en 1 vol. in-8, demi-veau fauve. 5 fr.

Louis Mangenot, né à Paris en 1694 mort en 1768, et chanoine du Temple, composa comme Grécourt, des contes libres et dont le recueil ne parut que 8 ans après sa mort.

3491. **Manne** (de). Nouveau Recueil d'ouvrages anonymes et pseudonymes. Paris, Gide, 1834, in 8, demi-chag. rouge, tr. jasp. 5 fr.

3492. **Maquet** (Aug.). Paris sous Louis XIV. Monuments et vues. Paris, Laplace et Sanchez. Paris. 1883, in-4 demi-mar., chag. rouge avec coins, tête dor., n. rog. 15 fr.

Nombreuses illustrations. Portraits.

3493. **Maranzakiniana**. Nouvelle édition conforme à l'original, précédée d'une Notice, par Philomneste Junior (F. Brunet). Un charmant vol. in-16, imprimé par Jouaust, broché. 4 fr.

Et de Livres anciens et modernes

Réimpression d'un livre facétieux, exemplaire sur papier Watman.

Maranzac était officier de chasse et une sorte de fou fort stupide du Dauphin, fils de Louis XIV. Après la mort du Dauphin, Mme la duchesse de Bourbon le prit à son service. La naïveté et l'ingénuité de ce personnage amusaient beaucoup cette dame ; elle chargea donc le sotadique abbé de Grécourt de recueillir ce Sottisiana, qu'elle imprima elle-même avec Grécourt, à son imprimerie du Palais-Bourbon.

3494. Marchant. La Jacobinéïde, poème héroï-comique-civique. Paris, Au bureau des sabats Jacobites, 1792, in-8 br., n. rog.   12 fr.

12 figures allégoriques très curieuses.

3495. Marche Royale (La) de Leurs Majestez depuis le Chasteau de Vincennes jusqu'au Throsne, et du Throsme, jusqu'au Louvre le jour de leur magnifique Entrée en leur bonne Ville de Paris. Paris Loyson, 1660, in-4, mar. rouge, dos et coins fleurdelysés, armes, tr. dor. (Petit). 45 fr.

Exemplaire très grand de marges.

3496. Marmontel. Contes moraux. Paris, Merlin, 1775, 3 vol. in-8, veau écaillé, fil., tr. marb.   30 fr.

Portrait par Cochin, gravé par St-Aubin, titre par Gravelot gravé par Duclos, répété dans chaque volume et 23 figures par Gravelot, gravées par Baquoy, Legrand, Lemire, Longueil, etc.

3497. Marolles (Magné de). La chasse au fusil. Nouvelle édition renfermant toutes les additions et améliorations préparées par l'auteur. Paris, Barrois, 1836, in-8, demi-chag. lavall.   10 fr.

3498. Marteau (Amédée). Satyres. Paris, Poulet-Malassis, 1861, in-8, demi-veau fauve, tête dor., n. rog.   18 fr.

Frontispice dessiné et gravé par Bracquemond, très rare.

3499. Massini (Pacifico). Hecatelegium, ou les Cent Elégies satiriques et gaillardes de Pacifico Massini, poète d'Ascoli (xve siècle) : littéralement traduit pour la première fois, texte Latin en regard. Imprimé à 120 exemplaires pour Isidore Liseux et ses amis, Paris, 1885, in-8, br.   30 fr.

xvi-356 pages.

Ce recueil de poésies, édité à Florence en 1489, est d'une insigne rareté : la copie du texte, pour cette nouvelle édition, n'a pu être prise que sur l'exemplaire de la Bibliothèque Nationale, acheté par elle douze cents francs.

Pacifico Massimi (en Latin Pacificus Maximus) est une sorte de Baffo avant la lettre. Son dédain de l'hypocrisie passe toute idée :

3500. Masuccio. Nouvelles choisies de Masuccio de Salerne (xve siècle). Littéralement traduite pour la première fois, par Alcide Bonneau. Paris, Liseux, 1890, in-8, br. Papier de Hollande.   10 fr.

Massuccio est le Boccace Napolitain. S'il n'occupe pas dans l'histoire littéraire le même rang que l'auteur du « Décameron », cela tient moins à son infériorité comme conteur, qu'à son style qui est loin de valoir celui de son illustre devancier. » Béni soit le « Salernitain », a dit Doni dans une de ses Libreries : du moins n'a-t-il pas volé un seul mot à Raccace et son livre lui appartient-il tout entier. » Masuccio, en effet, n'a imité personne, pas plus pour le fond que pour la forme de ses récits ; mais il n'était pas, comme Boccace, un humaniste, un latiniste de premier ordre, il n'a pas pu assouplir d'une façon aussi parfaite l'abrupte idiome populaire dont il se servait et le couler artistement dans le moule que les littératures anciennes nous ont légué. Edition unique à 250 exemplaires.

3501. Matrone (La) du pays de Soung. Les deux Jumelles,)contes Chinois). Paris, Lahure, 1884, in-8, br.   8 fr.

Illustrations en couleurs.

3502. Mazas (Alex.) Histoire de l'ordre royal et militaire de Saint-Louis depuis son institution en 1693 jusqu'en 1830. Paris, Didot, 1860, 3 vol. in-8, demi-chag. vert, tr. jasp. 16 fr.

3503. Mélanie, drame en 3 actes et en vers. Amsterdam, 1770. — Tancrede, tragédie en vers croisés et en cinq actes. Paris, Prault, 1761, 2 figures gravées par Tardieu. — Le serrurier, opéra bouffon, par M. Quétant. Paris, Duchesne, 1765. Ensemble, 1 vol. in-8, demi-mar. rouge. (Smeers). 5 fr.

Bel exemplaire.

3504. Mémoire historique sur l'ancienne et illustre maison des seigneurs de Bazentin, de Montauban, de Hervilly, de Malapert d'après les documents anciens et les crayons généalogiques de P. d'Hozier. Mons, Manceaux, Hoyois, 1860, in-4, demi-rel. veau, tête dor. n. rog.   15 fr.

Nombreux blasons coloriés.

3505. Mémoires de la princesse Caroline adressés à la princesse Charlotte sa fille, publiées par M. Ashe écuyer. Paris, Dentu, 1813, 2 vol. in-8, demi-rel. veau port.   5 fr.

3506. Mendés (Catulle). Méphistophéla, roman contemporain. Paris, Dentu, 1890, in-12 demi-mar. rouge

avec coins, dos orné, tête dor., n.
rog. port. 25 fr.

Exemplaire sur papier du Japon contenant 1 aquarelle originale sur le faux
titre de Coïndre.

3507. **Mendès** (Catulle), Zo' har roman contemporain. Paris, Charpentier, 1886, in-12 demi-rel. mar. rouge
avec coins, dos orné, tête dor., n.
rog. 60 fr.

Exemplaire sur papier de hollande
contenant 18 aquarelles dans les marges
de A Gumery.

3508. **Menier**. Théorie et application
de l'impôt sur le Capital. Paris, Plon,
1874, in-8 demi-percal. 4 fr.

3509. **Mérian** (Mathieu). Danse des
morts. Texte en allemand et en français. 1 vol. pet. in-4, cart. 10 fr.

Titre frontispice et 42 figures d'après
les éditions de 1744 et 1789.

3510. **Mérimée**. Mosaïque. Paris, H.
Fournier, 1883, in-8 demi-veau fauve,
tr. jasp. 12 fr.

3511. **Merval** (Steph de). Catalogue et
Armorial des présidents, conseillers,
gens du roi et greffiers du parlement
de Rouen, dressés sur les documents
authentiques. Evreux, Hérissey, 1867,
in-4 br. 12 fr.

Vignettes et fleurons gravés à l'eau-
forte.

3512. **Messie** (Pierre). Les diverses
leçons de P. Messie, mises de Cas-
tillanen françois par Cl. Gruget pari-
sien. Tournon, Cl. Michel, 1604,
in-8 en 2 vol. mar. rouge, fil. tr.
dor. 30 fr.

Jolie reliure ancienne avec un dos
orné ravissant.

3513. **Michaud**. Histoire des Croisa-
des abrégée à l'usage de la jeunesse.
Tours, Mame, 1883, gr. in-8 demi-
chag. rouge. plats toile, tr. dor. 5 fr.

Figures dans le texte et hors texte.

3514. **Michelet** (J.). Histoire de France.
Paris, Chamerot, 1855-1863, in-8 br.,
volumes séparés.

Chaque volume. 3 fr.

1. Guerres de religion. ; 2. La Ré-
gence ; 3. Réforme ; 4. Renaissance :
5. Henri IV et Richelieu ; 6. Louis XIV
et le duc de Bourgogne ; 8. Louis XIV
et la Révocation de l'édit de Nantes.

3515. **Midolle** (J.). Compositions avec
ecritures anciennes et modernes,
exécutées à la plume et gravées.
Strasbourg. s. d., 3 vol., in-fol.
oblong, demi-rel., dans un étui.
30 fr.

120 planches.

3516. **Mode illustrée** (La). Journal
hebdomadaire. Paris, Didot, 1868 à
1871. 8 vol. in-fol., demi-chag. noir,
pl. toile, tr. dor. 30 fr.

Nombreuses figures dans le texte et
planches de modes coloriées.

3517. **Molènes** (Paul de). Histoires et
Recits militaires. Paris, Jouaust,
1885, in-12 br. 4 fr.

Eau-forte par Armand Dumarescq.
Exemplaire sur papier de hollande.

3518. **Molière**. Œuvres avec les notes
de tous les commentateurs. 2e édition publiée par Aimé Martin. Paris,
Lefèvre, 1837, 4 vol. in-8, demi-veau
fauve, tr. peig. port. 14 fr.

3519. **Monde illustré** (Le). Journal
hebdomadaire, année 1883, in-4
demi-mar., chag. rouge. 5 fr.

3520. **Montaiglon** (An. de). L'aubé-
pine et le Marronnier de Sannois.
Etudes d'après la nature. Paris, 1865,
broch., gr. in-8. 3 fr.

Exemplaire sur papier de Chine.

3521. **Montaigne**. Essais, donnez sur
les plus anciennes et les plus cor-
rectes éditions, avec des notes et
une table générale des matières plus
utile que celles qui avaient paru
jusqu'ici, par Pierre Coste. Londres,
J. Nourx, 1734, 6 vol. in-12 veau
fauve ancien. 20 fr.

3522. **Montalembert**. Œuvres, Paris,
Lecoffre, 1860, 5 vol. in-8, br. 15 fr.

3523. **Montesquieu**. Lettres persa-
nes. Edition Louis Lacour. Paris,
Jouaust, 1869, in-8, br. papier vergé.
10 fr.

3524. **Mont Royal** (Antoine du). Les
Glorieuses antiquitez de Paris, avec
introduction et notes par l'abbé Va-
lentin Dufour. Paris, Quantin, 1879,
pet. in-8 br., figures. 3 fr.

3525. **Morgan** (Lady). La France. Paris et Londres, 1817, 2 vol. in-8
cart. 3 fr.

3526. **Muntz** (Eugène). Histoire de
l'art pendant la renaissance. Italie.
Les primitifs. Paris, Hachette, 1889,
in-4 br, 15 fr.

Ouvrage illustré de 514 figures dans
le texte, 4 planches en chromotypogra-
phie et 8 en phototypie. 1 carte en couleur et 21 planches en noir en bistre et
en bleu tirées à part.

3527. **Musset** (Alfred). Œuvres complètes avec lettres inédites, Variantes, Notes, Index, fac-simile Notice
biographique par son frère, édition
dédiée aux amis du poète, ornée de
28 dessins de M. Bida, et d'un por-

Et de Livres anciens et modernes

trait d'Alfred de Musset. Paris, Charpentier, 1866, 10 vol. gr. in-8, fig. demi-rel. mar. rouge, dos et coins, têtes dor., n. rog. (David).   550 fr.

Exemplaire en grand papier de Hollande, avec les figures sur papier de Chine, épreuves avant la lettre.

3528. **Muze historique** (La) ou recueil de lettres en vers contenant les nouvelles du temps écrites à son altesse Mademoiselle de Longueville depuis duchesse de Nemours. (1650-1665) par J. Loret, nouvelle édition revue sur les manuscrits par Ch. Livet. Paris, Daffis, 1875, 4 vol. gr. in-8 br., papier de Hollande.   12 fr.

Ouvrage célèbre. Belle occasion.

3529. **My** cousin's account or the frigging countess and zaïres repository, 3 parties en 1 vol. in-12, br.   20 fr.

3530. **Mysteries** (the) of verbena house, or miss bellassis birched for thieving. London, Privately, Printed, 1882, 2 vol. in-12, br.   40 fr.

3531. **Nadal.** OEuvres mêlées de Monsieur l'abbé Nadal. A Paris, chez Briasson, 1738, 2 vol. — Théâtre de Monsieur l'abbé Nadal. A Paris, chez Briasson, 1738, 1 vol. fig. — Ensemble 3 vol in-12, veau fauve, fil tr. dor.   15 fr.

Bel exemplaire.

3532. **Napoléon** et la conquête du monde 1812 à 1832. Paris, Delloye, 1836, in-8, br.   3 fr.

3533. **Nogaret** (Félix). Le fond du sac ou recueil de contes en vers et en prose et de pièces fugitives. Paris. Leclère, 1866, in-8, demi mar. viol. avec coins, tête dor., n. rog., dos orné.   25 fr.

Portrait et vignettes à mi-page de Duplessis Bertaux.

3534. **Noriac** (J.) Dictionnaire des amoureux, 2e édition. Paris, M. Lévy, in-12, demi-chag. gren., tr. jasp.   3 fr.

3535. **Noriac** (J.). La vie en détail. Le 101e Régiment. Paris, Librairie nouvelle, 1860, in-12 br., couv.   7 fr.

Edition originale.

3536. **Nouvion** (Victor de). Histoire du règne de Louis-Philippe 1er roi des français 1830-1848. Paris, Didier, 1858, 4 vol. in-8, br.   10 fr.

3537. **Nozze** (Le) degli Dei Favola dell Ab'Gio Carlo Coppola, rappresentata in musica in Firenze nelle reali nozze de Serenissimi Gran Duchi di Toschana Ferdinando II e Vittoria Principessa d'Urbino. In Firenze per Amadore Massi, e Lorenzo Landi, 1637, in-4, pl., vél.   25 fr.

Un titre gravé et 7 planches doubles dessinées par Alphonse Parigi et gravées par Etienne Della Belle.

3538. **Nunnery** tales or cruising under false colours a tale of love and lust. Londen, printed for the booksellers, 3 vol. in-12, br.   60 fr.

3539. **Ovide.** Les metamorphoses, traduites en prose françoise et de nouveau soigneusement revues et corrigées avec XV discours contenant l'explication morale des fables etc. A Paris, chez la veuve L'Angelier, 1617, in-8, veau tr. dor. (Reliure fatiguée).   10 fr.

Titre frontispice gravé et figures gravées par Jospar Isaac. Mouillure.

3540. **Parapilla,** poème en cinq chants, traduit de l'Italien. A Florence, 1776, in-8, demi mar. viol. avec coins, tête dor., n. rog., dos orné.   10 fr.

Un bel inconnu demande ce qu'il plante à un ermite qui cultive son jardin : Cazzo, cazzo, répond celui-ci d'un ton bourru. — Vous en plantez, eh bien, il en viendra. La prophétie s'accomplit et c'est l'histoire des aventures de cette plante singulière qui est racontée dans les cinq chants du Parapilla.

3541. **Parny.** OEuvres choisies précédées d'une notice historique sur sa vie. Paris, Dufort, 1826, in-8, lavé et encollé préparé pour la reliure. 3 fr.

Portrait gravé sur acier.

3542. **Passavant,** de Théodore de Bèze. Epître de Maitre Benoît Passavant à Messire Pierre Lizet, où il lui rend compte de sa mission à Genève et de ses conversations avec les Hérétiques, traduite pour la première fois du Latin macaronique de Théodore de Bèze, par Isidore Liseux. Avec le texte en regard, et la complainte de Messire Pierre Lizet sur le trespas de son feu nez. Paris, 1875, in-18, br.   3 fr.

3543. **Paris** (Le Cte de). Histoire de la guerre civile en Amérique. Paris, M. Lévy, 1874, 2 vol. in-8, demi-chag. rouge, avec coins, tête dor., n. rog.   8 fr.

Les tomes 1 et 2.

3544. **Paris** ancien et moderne, ou histoire de ses monuments, divisé en douze périodes appliquées aux douze arrondissements et justifiée par les monuments de cette ville célèbre. Paris, Le Roi, 1842, 3 vol. in-4, demi-rel.   45 fr.

Nombreuses illustrations et un grand plan.

Achat de Bibliothèques

3545. **Paris** pittoresque. Nouvelle édition revue et corrigée avec soin, augmentée d'un plan de Paris et des fortifications. Paris, 1842, 2 vol. gr. in-8, br.   5 fr.

3546. **Pavillon.** Œuvres. La Haye, A. Du Sauzet. 1715, pet. in-8, vélin blanc.   4 fr.

3547. **Peignot** (Gabriel). Mélanges historiques, réunion de 13 opuscules en 3 vol. in-8, demi-veau fauve.   45 fr.

> Comprend : Récit des conventions ecclésiastiques. — Essai sur les hivers les plus rigoureux. — L'origine de la semaine. — Documents sur les dépenses de Louis XIV. — Recherches sur Jésus-Christ. — Histoire d'Héline Gillet. — Essai sur la liberté d'écrire. — Essai sur l'origine de la langue française. — Le Château de Dijon, — Les Bourguignons salés. — La selle chevalière. — Recherches sur les autographes. — La liberté de la presse à Dijon.

3548. **Peignot** (G.). Dictionnaire critique, littéraire et bibliographique, des principaux Livres condamnés au feu, supprimés ou censurés, précédé d'un discours sur ces sortes d'ouvrages. Paris, Renouard, 1806, 2 vol. in-8, demi-rel. dos et coins de bas gr.   20 fr.

> Rare.

3549. **Peignot** (Gabriel). Amusemens philologiques, ou variétés en tous genres : Édition, revue, corrigée et augmentée par G. P. Philomneste. A. B. A. V. Dijon, V. Lagier, 1824, in-8, br.   5 fr.

3550. **Peignot** (Gabriel). Dictionnaire raisonné de bibliologie, contenant, l'explication des principaux termes relatifs à la bibliographie, à la diplomatie, aux langues, aux archives, aux manuscrits, aux médailles, aux antiquités, etc. Paris, Villier, 1802. 3 vol. in-8, veau.   20 fr.

> Exemplaire contenant le supplément.

3551. **Perrault** (Ch.). Les Contes des fées en prose et en vers : 2e édition revue et corrigée sur les éditions originales et précédé d'une lettre critique par Ch. Giraud. Lyon, Imp. L. Perrin, 1865, in-8, demi-cuir de Russie, tête dor., n. rog., dos orné, papier vergé.   25 fr.

> Portrait et vignettes.

3552. **Philippe.** Explication en forme de catéchisme des épîtres et évangiles de tous les dimanches et des principales fêtes de l'année. Versailles, 1864, in-8, demi-chag. viol., plats toile.   2 fr.

3553. **Piccolomini** (Alessandro). La Raffaella. Dialogue de la gentille éducation des femmes. Traduction nouvelle, texte italien en regard, par Alcide Bonneau. Paris, Liseux, 1884, in-16, br. (Format des Proverbes en facéties de Cornazano).   6 fr.

> Cet ouvrage est une production de la jeunesse d'Alessandro Piccolomini, qui fut archevêque de Patras et coadjuteur de Sienne. On y voit une de ces femmes qui se mellent de débaucher la jeunesse chercher à persuader à une dame d'avoir un amant et lui enseigner toutes sortes de ruses pour se cacher de son mari.

3554. **Pinacotheca** fuggerorum S. R. J. Comitum ac Baronum in Khierchperg et Weissenhorn : Edition nova multis imaginibus aucta ulmae apud. J.-F. Gaum, 1754, in fol., demi-rel., chag. bleu.   40 fr.

> Recueil de 137 portraits gravés par W. Kilian avec un texte explicatif.

3555. **Poey d'Avant.** Description des monnaies seigneuriales françaises composant la collection de M. F. Poey d'Avant. Fontenay, Vendée, 1853. in-4, demi-chag.   35 fr.

> 25 planches. Devenu rare.

3556. **Pogge.** Les facéties de Pogge. Traduites en français avec le texte latin (édition complète), précédées d'un curieux avertissement, 2 vol. in-16, imprimés sur beau papier de Hollande, caractères elzéviriens.   9 fr.

> Cette édition récentes des Facéties est imcomparablement préférable à celle en vieux français (imprimée à Lyon en 1484), de Julien Macho. d'après Lacroix du Maine, et surtout à celle de 1549, de Jean Bonfons, C'est une suite d'anecdotes, de bons mots, de contes courts, parfois gaillards, et bien faits pour désopiler la rate. Cet ouvrage, qui était devenu rare, montre quel genre d'esprit familier défraya.t la conversation en Italie au XVe siècle.

3557. **Pontaumont.** Histoire de la ville de Carentan et de ses notables d'après les monuments paléographiques. Paris, Dumoulin, 1863, in-8, demi-veau.   3 fr.

> 2 plans, annotations dans les marges, très curieux.

3558. **Priapeia** or the sportive epigrams of divers poets on priapus now first completely done into English prose from the original latin with introduction notes explomatory and illustrative and excursus : To wich is appended the latin texte. Athens, 1888, Imprinted by the Erotika biblion. Society for private dis-

tribution only, in-8, cart. n. rog.
60 fr.

Two hundred and fifty co pies only all on the same paper of this volume hove bien printed by the Erotika biblion society for their members.
Forme le tome 1er de la collectoin.

3559. **Procès** de Marie-Antoinette de Lorraine d'Autriche veuve Capet. A Londres, 1793, in-8, demi-rel., veau avec coins. 10 fr.

Portrait de Marie Antoinette en médaillon de Camponas gravé par Legoux.

3560. **Quatrelles**. Légende de la vierge de Munster. Paris, Charpentier gr. in-8, br. 7 fr.

Illustrations de Courboin.

3561. **Quevedo**. Le fin matois ou histoire du grand-taquin. La Haye 1776, 3 parties en 1 vol. in-12, demi-reliure. 4 fr.

3562. **Quinet** (Edgar). Allemagne et Italie philosophie et poésie. Paris et Leipzig, chez Desforges, 1839, 2 vol. in-8, demi-veau fauve, tête dor. n. rog., dos orné. 9 fr.

3563. **Quitard** (P. M.) Dictionnaire etymologique, historique et anecdotique des proverbes et des locutions proverbiales de la langue française. Paris, Bertrand, 1842, in-8, br. 5 fr.

Quelques pages sont fortement mouillées.

3564. **Rabaut**. Précis de l'histoire de la Révolution françoise avec une table des principaux décrets rendus pendant les années 1789, 90 et 91. Paris, 1792, in-12, veau. 2 fr.

Figures de Moreau.

3565. **Rabaut** et **Lacretelle**. Collection complète de 16 gravures des principaux événements de la Révolution française, par Moreau et Duplessis. Bertaux, in-8 en feuilles dans un carton. 20 fr.

Ces figures sont à toutes marges.

3566. **Rabelais**. La Chronique de Gargantua, premier texte du roman de Rabelais, précédé d'une notice par M. Paul Lacroix. Paris, Jouaust, 1868. — La seconde Chronique de Gargantua et de Pantagruel, publ. par P. Lacroix. Paris, Jouaust, 1872. — Ensemble 2 vol. in-12, mar. r., dos orné, fil. tête dor. n. rog. 40 fr.

Exemplaire sur papier de Chine.

3567. **Rabelais**. Les cinq livres de F. Rabelais, publiés par P. Chéron et 11 eaux-fortes par Boilvin. Paris, Jouaust, 1876, 5 vol. in-8, mar. vert,

dos orné, fil. dent. int., tête dor., n. rog. (Pouget). 180 fr.

L'un des 170 exemplaires sur grand papier de Hollande.

3568. **Racine**. OEuvres complètes, revues avec soin sur toutes les éditions de ce poète avec des notes extraites des meilleurs commentateurs par Argus. Paris de Fortie, 1826, in-8 demi-mar. vert avec coins, tr. mar., dos orné, texte à deux colonnes. 6 fr.

Impression microscopique.

3569. **Raffles**, et **Crawfurd** (John). Description géographique historique et commerciale de Java et des autres îles de l'archipel Indien. Bruxelles, 1824, in-4, demi-chag. vert avec coins. 20 fr.

Nombreuses planches et cartes.

3570. **Raguenet**. Histoire d'Olivier Cromwel. Paris, Claude, Barbin, 1791, in-4, veau. 10 fr.

Très beau portrait. Armoiries sur les plats.

3571. **Rapport** fait au nom de la commission chargée de l'examen des papiers trouvés chez Robespierre et ses complices par Courtois député du départ de l'aube. Paris an III in-8, veau. 3 fr.

3572. **Rapports** au ministre sur la collection des documents inédits de l'histoire de France et sur les actes du comité des travaux historiques. Paris, Imp. Nationale, 1874, in-4, cart., n. rog. 3 fr.

3573. **Rapports** sur les études historiques par MM. Geffroy, Zeller et Thiénot. Paris, Imp. Impériale, 1867, in-4, demi-mar. vert, tr. jasp. 3 fr.

3574. **Raymond** (G. M.). De la peinture considérée dans ses effets sur les hommes en général et de son influence sur les mœurs et le gouvernement des peuples. Paris, Pougens, an VII, in-8, demi-chag. noir. 3 fr.

3575. **Raynouard**. Les Etats de Blois, tragédie en cinq actes, représentée pour la première fois sur le théâtre de Saint-Cloud, le 22 Juin, 1810, in-8 br. 2 fr.

3576. **Reboul** (Robert). Les Cartons d'un ancien bibliothécaire de Marseille : variétés bibliographiques, historiques et scientifiques. Draguignan, 1875, plaq. gr. in-8, demi-percal., n. rog., couv. 3 fr.

3577. **Recueil** de 70 belles photographies de Baldus, sur les sites et les vues les plus remarquables que le

Achat de Bibliothèques

chemin de fer de Paris-Lyon Méditerranée traverse sur son parcours, in-fol. oblong, demi-mar. vert, avec coins, pl. toile.   60 fr.

Très belles vues splendidement photographiées et montées sur onglets.

3578. Recueil des meilleurs contes en vers, par La Fontaine, Voltaire, Vergier, Lencée, Perrault, Grécourt, Piron, Autreau, etc. Londres, Paris, Cazin, 1778, 4 vol. pet, in-12, port. et fig. — Le fond du sac, ou Restant des babioles de M. X... (Félix Nogaret), membre éveillé de l'académie des Dormans. A Venise, chez Pantalon-Phœbus, Cazin, 1780, 2 tomes en 1 vol. pet. in-12, front. et fig. — La Pucelle d'Orléans, poème en vingt-et-un chants, par Voltaire, avec des notes auquel on a fait plusieurs pièces qui y ont rapport. A Londres, Cazin, 1780, 2 tomes en 1 vol. pet. in-12, front. et fig. — Ensemble 8 tomes reliés en 6 vol. pet. in-12 fig. mar. orange, dos ornés, fil. dent. int., tr. dor. (Amand et Chambolle-Duru).   350 fr.

Réunion complète des Petits conteurs illustrés des charmantes vignettes de Duplessis-Bertaux.
Bel exemplaire.

3579. Réflexions sur la force des préjugez. Les pensées de L. D. M. sur le nombre des éleus 98 pp. Londres, 1680. Ens. 2 opuscules de 68 et 98 pp. en 1 vol. in-24, mar. vert, fil. dent. int., tr. dor. (Derome).   25 fr.

3580. Regis de **La Colombière.** Les cris populaires de Marseile. Marseille. M. Lebon, 1868, gr. in-8, demi-chag. bleu, n. rog.   6 fr.

3581. Règle du **Temple** (La), publiée pour la société de l'histoire de France par Henri de Curzon. Paris, Renouard, 1886, in-8, demi-percal., tête jasp., n. rog.   6 fr.

3582. Regnard. OEuvres complètes avec des avertissements et des remarques sur chaque pièce par M. G*** (Garnier). Paris, Duchesne, 1790, 6 vol. in-8, veau rac.. ant.   45 fr.

1 portrait d'après Rigaud gravé par Tardieu et 11 figures par Moreau et Marillier gravées par Delignon, Duponchel Giraud, Halbou, Langlois, de Longueil etc.

3583. Regnard. OEuvres complètes, avec des avertissements et des remarques sur chaque pièce par M. Garnier. Nouvelle édition ornée de figures Imp. de Crapelet. Paris, Lefèvre, 1810, 6 vol. in-8, veau dent., dos orné, tr. dor.   35 fr.

Portrait par Rigaux, gravé par Tardieu. Figures de Moreau gravées par Simones, Halbou, Patas, etc.

3584. Regnault (Henri. Quinze dessins d'Henri Regnault pour illustrer. André Chenier, photographiés par A. Liébert. Paris, Dentu, 1872, gr. in-8, dans un carton.   6 fr.

3585. Régnier (Sieur de La Planche). Histoire de l'estat de France, tant de la République que de la religion sous le règne de François II, publiée par Ed. Mennechet. Paris, Techener, 1836, 2 vol. in-12, demi-mar. viol., avec coins, tête dor., n. rog.   6 fr.

3586. Regrets facétieux, et plaisantes harengues funèbres sur la mort de diuers animaux, pour passer le temps et recueiller les esprits mélancholiques : non moins remplies d'éloquence que d'vtilité et gaillardise. Traduictes de toscan (d'Ortensio Lando) en françoys. par Thierri de Timofille (ou plutôt François d'Amboise). Paris, Nicolas Chesneau et Jean Poupy, 1576, in-16, mar. vert, fil., dos orné, dent. int., tr. dor. (Chambolle-Duru.)   75 fr.

3587. Religieuse (La), par l'abbé ***, auteur du Maudit. Paris, Lacroix, 1868, 2 vol. in-8. br.   4 fr.

3588. Renan (Ern.). Les Apôtres. Paris, M. Lévy, 1866, in-8 br., couv.   9 fr.

1re édition.

3589. Renauld de Beaujeu. Le Bel inconnu ou Giglain, fils de Messire Gauvain et de la fée aux blanches mains : poème de la Table Ronde. Paris, Aug. Aubry, 1860, in-8, demi-mar. vert, tête peig., n. rog.   4 fr.

Collection des poètes français du moyen-âge.

3590. Représentation des fêtes données par la ville de Strasbourg, pour la convalescence du roi, à l'arrivée et pendant le séjour de Sa Majesté en cette ville, inventé, dessiné et dirigé par J.-M. Weiss. Paris, Laurent Aubert. S. d. (1744), gr. in-fol., portr. de Louis XV, gr., par J.-G. Will, d'après Parrocel, et 11 grandes planches gravées par Le Bas, mar. rouge, large dent , dos orné, tr. dor. 900 fr.

Bel exemplaire aux armes du roi Louis XV relié par Padeloup, avec son étiquette.

3591. Restif de la Bretonne. Monument du costume physique et moral de la fin du XVIIIe siècle ou tableaux de la vie. Edition revue ecorrigée par M. Ch. Brunet. Préface par M. An. de Montaiglon. Paris, Willem, 1876, in-fol., demi-mar. rouge avec coins, tête dor., n. rog.   70 fr.

26 figures dessinées et gravées par Moreau le Jeune. Rare.

3592. Rétif de la Bretonne. L'École des Pères. En France et à Paris. chez la veuve Duchêne, 1776, 3 vol. in-8, demi-rel., v. marb.   12 fr.

3593. Rever. Mémoire sur les ruines de Lillebonne, arrondissement du Hâvre, Seine-Inférieure, avec un appendice contenant la description de quelques cachets inédits d'anciens oculistes. Evreux, Ancellé, 1821, in-8, demi-veau.   2 fr.

4 figures.

3594. Revue Britannique ou choix d'articles traduits des meilleurs écrits périodiques. Paris, au bureau du journal : de 1833 à 1852, ens. 81 vol. in-8, demi-rel. veau. (rel. n'est pas uniforme).   75 fr.

Manque l'année 1849.

3595. Revue nobiliaire historique et biographique publiée par Bonne-serre de Saint-Denis et continuée par Saudret. Paris, Dumoulin, 6 vol. in-8, brochés.

Tomes I et II (1re série), 2 vol.   8 fr.
Tomes I, II, III, IV, nouvelle série, 4 volumes.   15 fr.

3596. Ricard (A.). Le Portier, roman de mœurs. Paris, Lecointe, 1827, 3 tomes en 1 vol. in-12, cart.   5 fr.

3597. Richebourg (Em). et E. de Lyden. Les Amoureuses de Paris. La Belle-Impériale. Ange et Démon. Paris, Dentu, 1878, 2 vol. in-12, demi-mar. gren., tête dor., n. rog.   4 fr.

3598. Richer. Théâtre du monde où par des exemples tirés des auteurs anciens et modernes les vertus et les vices sont mis en opposition. Paris, Maisonneuve, 1788, 4 vol. in-8 veau.   12 fr.

Figures de Moreau et Marillier.

3599. Ris-Paquot. La Céramique musicale et instrumentale, histoires et recueil d'assiettes avec ariettes, couplets grivois, airs notés, instruments de musique, etc., d'après les anciennes poteries étrusques, grecques et romaines, etc., et les faïences des XVIIe XVIIIe et XIXe siècles, précédé d'un aperçu historique sur les chants et les chansons dans leurs différents caractères, politique, militaire et sentimental, etc., depuis les temps anciens jusqu'à nos jours. Paris, Lévy, 1889, in-4 en carton, exemplaire neuf.   45 fr.

48 planches en couleurs et vignettes dans le texte.

3600. Ris-Paquot. Histoire des faïences de Rouen pour servir de guide aux recherches des collectionneurs. Amiens. in-4 en carton.   60 fr.

L'atlas comprend 60 planches coloriées.

3601. Rivarol. Ecrits et pamphlets, recueillis pour la première fois et annotés par A. P. — Malassis. Paris, Lemerre, 1877, in-8 br.   1 fr. 50

3602. Robespierre. Eloge de Gresset publié par Jouaust. Paris, 1868, in-8. demi-rel. mar. rouge, coins, tête dor., non rog.   5 fr.

3603. Robinet. De la nature. Amsterdam, Van Harrevelt, 1761-1763, 2 vol. in-8, veau, dos orné, fil.   5 fr.

Frontispice gravé ; aux armes de Bethizy-Lorraine.

3604. Rœder (Georges). Physiologie du sentiment. Paris, Librairie-Nouvelle, 1853, in-16, demi-percal., n. rog., couv.   2 fr.

3605. Romance of my Alcor (The). Galant confessions of a woman of the world. Athens, 1889, imprinted by the erotika biblion society for private distribution only, in-8 cart., n. rog.   25 fr.

Two hundred and fifty copies only (all on the tome paper) of his volume hove been printed by the Erotika biblion Society for theirs members. Forme le tome 5 de la collection.

3606. Rondelet (J.). Traité théorique et pratique de l'art de bâtir. 13e édition. Paris, Didot, 1867, 5 vol. in-4 de texte, dem. mar. bleu avec coins, tête dor., n. rog. et atlas in-fol. de pl., cart.   70 fr.

L'atlas comprend 207 planches.

3607. Rosoi. Lettres de Cécile à Julie, ou les combats de la nature. Amsterdam, 1764, 2 part. en 1 vol. in-12, veau.   4 fr.

3608. Rouen pittoresque. 40 dessins par Maxime Lalanne, texte par Allais, Ch. de Beaurepaire, Dubosc, Felix, Hédon, H. de Lapommeraye. Rouen, Augé, 1886, in-4, pl. en 5 livraisons   50 fr.

Un des 50 exemplaires en (papier du Japon, avec les planches en trois états.

3609. Rousseau. Les Confessions. Paris, Barbier, 1846, gr. in-8, dem. rel., tr. jasp.   6 fr.

Vignettes de T. Johanno. . Baron,
C. Nanteuil, etc.

3610. Rousseau. La Nouve: léloïse.
Paris, 1788, 4 vol. in-8 ca t 20 fr.

Superbes figures de Mor. .vant la
lettre.

3610 bis. Roussel (De). E· historiques sur les régiments d nterie,
cavalerie et dragons. (pagne,
Paris, Guillyn, 1766, pet . veau,
dos orné, tr. rouges. 10 fr.

3611. Rousset (Pierre). L larion-
nettes lyonnaises. Un divo inutile.
Lyon, Dizain, in-8 br., fro. 2 fr.

3612. Royaumont. L'ii ire du
Vieux et du Nouveau Test 'nt, représentée avec des figure· les explications édifiantes par l ieur de
Royaumont, Nicolas Font et Le
Maistre de Sacy. A Paris, z Pierre
Le Petit, 1670, in-4, m rouge,
composition à la Du Se il., tr.
dor. (rel. anc.) 320 fr.

Edition originale. On y uve des
gravures de Sébastien Le rc qui ne
sont pas dans les autres èl is.

3613. Rutebeuf. OEuvr·s mplètes
de Rutebeuf, trouvère du . i siècle,
recueillies et mises au j pour la
première fois par A. Jub . Paris,
s. d., 3 vol. in-16, br. 3 fr.

Faisant partie de la bibli que elzé-
virienne.

— Le même sur chine. 4 fr.

3614. Ronce (De la). Le R d amoureux, histoire précédente Roland
l'amoureux et furieux. A is, chez
Toussaint du Bray, 1620, 12 vél.
(695 pages.) 6 fr.

3615. Sacase. De la folie usidérée
dans ses rapports avec l capacité
civile. Paris, Videcoq, 1851, in-8,
demi veau fauve, tr. peign . 3 fr.

3616. Sade (Le M de). Ali e et Val-
cour, ou le Roman phil ophique.
Ecrit à la Bastille un a avant la
Révolution. 4 vol. in-12 avec les 16
planch.; au lieu de 40 fr. 25 fr.

C'est le meilleur roma du trop célèbre marquis; il fut écrit à une époque
d'effervescence qui engendra une littérature à son image toute remplie de crimes et d'orgies. Les romans u marquis
de Sade sont en cela le reflet du temps:
sa « Justine » sa « Juliette » et sa « Philosophie dans le Boudoir » sont les ex-
trêmes limites de cette dépravation littéraire.

3617. Saillet (Alex. de). Les Jeunes
Français de toutes les époques. Paris, Lehuby, s. d., gr. in-8. dem. rel.
toile, tr. jasp. 3 fr.

Planches hors texte.

3618. Saint-Albin et |Durantin.
Domaine de la Couronne : le palais
de Saint-Cloud, résidence impériale.
Paris, Librairie Centrale, 1864, in-8,
broché. 2 fr.

Plan du palais de Saint-Cloud.

3619. Saint-Edme. Amours et Galan-
teries des rois de France, Paris, Amable Costes, 1830, 2 vol. in 8, demi-rel.
v. f., tête marb. ébarbés. 15 fr.

Manque le titre du tome I.

3620. Saint-Foix. Lettres turques, par
Saint-Foix, publiées par D. Jouaust,
Paris, D. Jouaust, 1867, in-12, mar.
rouge, dos orné. fil., tête dor., n. r.
20 fr.

Exempl. papier de chine.

3621. Sand (George). Mauprat. Paris,
Quantin, 1886, in-8, dem. mar. rouge
avec coins, tête dor., n. rog., couv.
20 fr.

10 compositions par Le Blant, gravées
à l'eau-forte par H. Toussaint.

3622. Sand (George). La Mare au Diable. Paris Quantin, 1889, in-8, dem.
mar. rouge avec coins, tête dor., n.
rog., couv. 20 fr.

17 illustrations composées et gravées
à l'eau-forte par Edm. Rudaux.

3623. Sané. Tableau historique, topo-
graphique et moral des peuples des
quatre parties du monde ; comprenant les lois, les coutumes et les
usages de ces peuples. Paris, an IX
(1801). 2 vol. in-8, dem. veau. 3 fr.

3624. Sapet. Les Enthousiasmes ou
Eprises amoureuses. Paris, chez Jehan Dallier, 1556, in-8, mar. vert,
fil., tr. dor. (Rel. anc. genre Derôme).
160 fr.

Bel exemplaire provenant de la bibliothèque de Ch. Nodier,
Livre très rare, écrit dans un style
singulier, contenant 22 éprises philoso-
phiques et morales, dans lesquelles l'auteur s'occupe de l'amour des diverses
passions de l'âme et de différents sujets
de philologie et même de critique. Toutes les grandes lettres sont ornées d'ara-
besques et de jolis sujets style Renaissance.

3625. Satyre Menippée de la vertu
du Catholicon d'Espagne ; et de la
tenuë des estats de Paris. A laquelle
est adjousté un discours sur l'inter-
prétation du mot de Higuiero d'In-
fierno, et qui en est l'autheur. Avec
des remarques et des explications
des endroits difficiles. Ratisbonne,
Kerner, (Bruxelles, Foppens), 1664,
in-12, mar. vert, dos orné, fil., tr.
dor., (rel. anc.). 25 fr.

Bel exemplaire avec les 2 figures des

Et de Livres anciens et modernes

Charlatans et celle de la Procession de la Ligue.

3626. Satyre Menippée (La) ou la vertu du catholicon, selon l'édition princeps de 1594. Edition nouvelle, avec introduction et éclaircissements par Ch. Read. Paris, Jouaust, 1876, in-8 br.   12 fr.

Portrait de Henri IV gravé à l'eau-forte par Lalauze. Exemplaire sur papier de Hollande.

3627. Saugrain. Code des chasses, ou nouveau traité du droit des chasses suivant la jurisprudence de l'ordonnance de Louis XIV, du mois d'août 1669, mise en conférence avec les anciennes et nouvelles ordonnances, etc. Paris, Durand, 1754, 2 vol. in-12 veau marb.   5 fr.

3628. Sauvan et J. P. **Schmit.** Histoire et description pittoresque du Palais de Justice, de la Conciergerie et de la Sainte Chapelle de Paris. Paris, Engelmann, 1825, in-fol. en feuilles.   12 fr.

18 planches et 1 plan.

3629. Savornin (de). Sentimens d'un homme de guerre sur le nouveau système du chevalier de Folard, par rapport à la colonne et au mélange des différentes armes d'une armée. Paris, Briasson, 1733, in-4, veau fauve, fil., tr. rouge, planches. 20 fr.

Aux armes de Nicolas Rousault.

3630. Scribe (Eug.). OEuvres complètes, Nouvelle édition entièrement revue par l'auteur. Paris, 1840, 5 vol. gr. in-8, dem. veau vert, texte à deux colonnes.   20 fr.

180 vignettes en taille-douce.

3631. Seau enlevé (Le), poème, suivi de poésies diverses. Nouvelle édition corrigée. Paris, Impr. de Didot, an VIII, in-18 br., n. rog., figure.   2 fr.

3632. Ségur (Le général comte de). Histoire de Napoléon et de la Grande Armée pendant l'année 1814. Paris, Baudouin, 1825, 2 vol. in-8, demi-veau fauve, tr. peig. portraits et carte.   12 fr.

3633. Sententio (Le) se Imprese di Monsignor Paulo Giovio et del Signor Gabriel Symeoni, ridotte in rima per il detto Symeoni. In Lyone, apresso Gulielmo Roviglio, 1561, emblèmes gravés sur bois. — Dialogo pio speculativo. Con diverse sentenze Latini et volgari di M. Gabriel Symeoni Fiorentino. In Lione, apresso Guglielmo Roviglio, 1560, vignettes gravées sur bois. — Il Liceo di Bartolomeo Taegio, dove si ragiona dell' arte di

fabricare le Imprese conformi a i concetti dell' animo, et si dioscorre intorno al poetico pigmento delle Muse. Libro secondo. Milano, Pontio, 1571. — Ens. 3 ouvrages en 1 vol. in-4, vél.   20 fr.

3634. Seyssel (Claude). La Grant monarchie de France cō- | posee par missire (sic) Claude de Seyssel lors eues-—que de Marseille et a present Arch-ue-que de | Thurin adressant au roy trescrestien Francoys premier | de ce nom. | Cum priuilegio Regis. — Cy finist la Monarchie de France. Imprimee a Paris pour Regnault Chauldière libraire demeurant en la rue saint Iasques a lenseigne de lhomme sauuaige. Et fut acheue de Imprimer le xxi. iour de Iuillet. lan mil cinq cens dix neuf (1519). In 4 de 8 ff. lim. et 68 ff., blason de François 1er sur le titre et fig. sur bois représentant le roi assis au milieu de ses conseillers, mar. bleu, dos et coins fleurdelisés, dent. int., tr. dor. (Trautz-Bauzonnet)   120 fr.

3635. Siguier. Les grandeurs du catholicisme. Paris, Ladrange, 1841; 2 vol. in-8, demi-veau bleu.   3 fr.

3636. Sinistrari. Demoniality, or Incubi and Succubi. A Treatise, wherein is shown that there are in existence on earth rotional creatures beside1 man, endowed like him with a body and a soul, that are born and die like him, redeemed by our Lord Jesus-Christ, and capable of receiving salvation or damnation. By the Rev. Father Sinistrari of Ameno (17th century). Published from the original Latin manuscript discovered in London in the year 1872 and translated into French by Isidore Liseux. Now first translated into English, with the Latin text. Paris, 1879. in-18 br.   10 s = 12 fr. 50.

3637. Six facéties, imprimées à Troyes au commencement du XVIIIe siècle. Collection des pièces originales précédée d'une notice par Epiphane Sidredoulx. Paris, pet. in-8 br.   8 fr.

Réimpression à 50 exemplaires de facéties publiées à Troyes : Le Miroir des femmes. — L'Etat de servitude ou la misère des domestiques. — Testament sérieux et burlesque d'un maitre savetier. — L'Arrivée du brave Toulousain. — Fameuse harangue faite à l'assemblée générale des Savetiers. — Le magnifique et superlicoquentieux festin.

3638. Société des Aqua - Fortistes français. Album du Salon 1886. Paris, 1886, 2 fascicules in-fol. dans un carton.   40 fr.

Achat de Bibliothèques

20 pl. Exemplaire tiré sur parchemin, sans titre ni table.

3639. Société Russe (La), par un Russe, travail par MM. Ernest Figurey et Désiré Corbier, avec une introduction de M. Antonin Proust. Paris, M. Dreyfous, 1877, 2 vol. in-8, br.   4 fr.

Publié à 12 fr.

3640. Soirées chantantes (Les) ou le chansonnier bourgeois, formé du choix de tous les vaudevilles, couplets, romances, rondes, scènes chantantes du Cousin-Jacques. Paris, an XIII (1805), 3 vol. in-18, demi-chag. lavall.   3 fr.

Recueil de fort jolies chansons de l'époque.

3641. Solis (Don Ant. de). Histoire de la conquête du Mexique ou de la Nouvelle-Espagne. Paris, Dezallier, 1691, in-4, veau, figures.   10 fr.

3642. Songe de Poliphile (Le), ou Hypnérotomachie de frère Francesco Colonna, littéralement traduit pour la première fois, avec une introduction et des notes, par Claudius Popelin, figures sur bois gravées à nouveau, par A. Prunaire. 2 beaux vol. in-8, papier de Hollande. 75 fr.

Cet ouvrage est un des plus singuliers. Le frère Colonna a caché un épisode mystérieux de sa carrière dans ce roman allégorique où le sentiment de l'amour domine à travers les sujets les plus divers, car il y a là un mélange bizarre d'histoire, de mythologie, de sainteté, de description architecturale et artistique, de visions érotiques, etc. Comme le dit le sous-titre, c'est le combat du sommeil et de l'amour. Le moine vénitien aimait Polie, c'est-à-dire Polita ou Ippolita, nièce d'un évêque de Trévise. Le sens général du livre est que toutes les passions de l'homme ne sont que des songes, et quelqu'un a voulu exprimer la pensée de l'auteur par ces mots : « La vie est le rêve d'une ombre. » Cette édition est irréprochablement traduite du texte italien sur l'édition originale, imprimée à Venise en 1499, dont les exempl. en bon état sont très rares et se sont payés jusqu'à 20 livres st. en Angleterre, un exemplaire sur papier vélin a même été adjugé, à Londres, jusqu'à 120 livres sterl. (3,000 fr.), aujourd'hui ces prix seraient dépassés de beaucoup.

3643. Spanker (Colonel). Experimental lecture by Colonel Spanker, on the exciting and voluptuos pleasures to be derived from aushing and humiliating the spirit of à beautiful and modest young lady ; as delivered by hem in the assembly room of the society of aristocratic flagellants Mayfair. London, privately Printed, 1892, in-12, br.   20 fr.

3644. Spinosa. Réflexions curieuses d'un esprit désintéressé sur les matières les plus importantes au salut, tant public que particulier. Cologne, Ch. Emanuel, 1678, in-12, mar. olive, fil.. tr. dor.   6 fr.

Reliure ancienne. Avec les deux titres.

3645. Supplica (La). Discorso famigliare di Nicole Borbieri detto Beltrame diretta a quelli che scrivedo o parlando trattano di comici trascurando i meriti delle azzioni virtuose. Lettura per que galanthuomini che non sono in tutto critici ne affato balordi. In venezia, per Marco Ginammi, 1634, in-8, vélin blanc à recouvrements.   5 fr.

Titre curieux gravé sur cuivre.

3646. Stafford's Engravings of the marquis of Stafford's collection of pictures in London, arranged according te schools and in chronological order with remarks on each picture. By William Young Ottley, esq. F. S. A. the executive part under the monagement of Peltro William Tomkins esq. historical engraver to her Majesty. London, 1818, 4 vol. in-fol., demi-rel. avec coins, n. rog.   150 fr.

Bel exemplaire en grand papier, nombreuses planches.

3647. Stearne. La quinzaine anglaise à Paris, ou l'art de s'y ruiner en peu de temps. Ouvrage posthume du docteur Stéarne, (par le chevalier de Rutlidge). A Londres, 1776, in-12, veau.   7 fr.

Édition originale, Lacombe, n° 215.

3648. Sten (Daniel). Esquisses morales. Pensées, réflexions et maximes. 3e édition revue et augmentée. Paris, Techener, 1859, in-12, demi-mar. noir.   3 fr.

3649. Stern (Daniel). Histoire de la Révolution de 1840. Paris. Sandré, 1850, 3 vol. in-8, demi-veau.   7 fr.

3650. Stimulus divi ! ni amoris devotissimus a sancto Johanne Bonaven | ture editus... emandatus et correctus, per | eximium sacre pogine professorem Magistrū Johannem quentin. (A la fin :) Parisius impressus MDXXVI (1526). — Beati Bonaveture meditationes devotæ vitæ Jesu xri. — Ens. 2 ouvrages en 1 vol. petit in-8 goth. de 192 ff. marque Jehan Petit sur le titre, mar. La Vall. à long grain, tr. dor.   25 fr.

Mouillure.

3651. Straszevviez (Joseph). Emile Plater. Sa vie et sa mort. Paris, 1835, in-8. demi-mar. vert, fil. sur les plats, port. (Oginski). 10 fr.

Quelques taches de rousseur. Rare.

3652. Suetonius (Caius). Tranquillus cum Isaaci Casauboni animadversionibus et dissertationibus politicis Joh. Henr. Boccleri itemque uberrimo indice. Argentorali, 1688. 2 vol. pet. in-4, demi-rel. veau lavall. n. rog. 5 fr.

Aux armes du marquis de Morante.

3653. Supplément au mémoire du Comte de Sanois, contre ses accusateurs. — Réponse particulière du défenseur du comte de Sanois. S. l. n. d., 2 brochures in-4. 5 fr.

3654. Swift. Voyages de Gulliver. Paris, Leclerc, 1860, 4 vol. in-12, mar. rouge, fil., dos orné, tr. dor. (Belz-Niédrée). 170 fr.

Exemplaire sur papier vergé fort, contenant 2 suites, avant et avec la lettre, des figures gravées par Masquelier, d'après les dessins de Lefèvre.

3655. Sylvain Maréchal. Dictionnaire des Athées anciens et modernes. Paris, an VIII, in-4, mar. vert, fil., dent., (rel. anc.) 5 fr.

Copie manuscrite d'une écriture très fine.

3656. Tabourot. Les Bigarrures et Touches du seigneur des Accords. Avec les Apophtegmes du sieur Gaulard et les Escraignes dijonnoises. Dernière édition revue et de beaucoup augmentée. Paris, J. Richer, 1608, 5 part. en 1 vol. in-12, mar. rouge, tr. dor. (Smith). 35 fr.

Edition rare.

3657. Tagereau (Vincent). Discours sur l'impuissance de l'homme et de la femme, par Vincent Tagereau. Angevin. Réimprimé sur la deuxième édition, revue et corrigée par l'Auteur (Paris, 1612). Paris, 1887, in-16, br. (Occasion). 15 fr.

On se rappelle les vers indignés de Boileau dans sa VIIIe satire :

[d'impuissance]
« Jamais la biche en rut n'a pour fait Traîné du fond des bois un cerf à l'audience :
[Congrès]
Et jamais juge entre eux ordonnant le De ce lubrique mot n'a sali ses arrêts. »

Et bien nulle part cette cynique épreuve du congrès n'a été aussi naïvement étudiée et commentée que dans le curieux livre de Tagereau qui abonde en détails scabreux.

3658. Tahureau. Les poésies de Jacques Tahureau, du Mans, mises toutes ensemble et dédiées au révérendissime cardinal de Guyse. Paris,

Rob. Le Mangnier, 1574, in-8, maroq. bleu, médaillon à branchages aux petits fers avec une rose au centre, dent. int., tr. dor. (Trautz-Bauzonnet). 220 fr.

Très bel exemplaire.

3659. Tahureau (Jacques). Odes, sonnets et autres poésies gentilles et facétieuses à Mgr le révérendissime cardinal de Guise. Lyon, Benoît Rigaud, 1574, in-18, chagr. violet. 5 fr.

Incomplet des feuilles 1 à 15, 17 à 49.

3660. Taine. De l'Intelligence. Paris, Hachette, 1870, in-8 br. 2 fr.

Tome 2e seulemen.

3661. Taine (H.). Histoire de la littérature anglaise, 5e édition. Paris, Hachette, 1881, 5 vol. in-12, demi-mar. rouge, tête dor. 20 fr.

3662. Tapisseries du Roy ou sont représentez les quatres élémens avec les devises qui les accompagnent et leur explication. Amsterdam, in-4, cart. 15 fr.

Très curieuses planches gravées. Texte français et hollandais.

3663. Taschereau. Histoire de la vie et des ouvrages de Molière. Paris, Ponthieu, 1825, in-8, demi-veau gris, n. rog. port. 4 fr.

3664. Tastu (Mme Amable). Voyage en France. Tours, Mame, 1862, in-8. demi-chag. vert, plats toile, tr. dor. 4 fr.

Planches hors texte.

3665. Taxe de la chancellerie romaine et la banque du pape dans laquelle l'absolution des crimes les plus énormes se donne pour de l'argent; ouvrage qui fait voir l'ambition, avec un appendice formant la 2e partie. Rome à la Tiare, chez Pierre à la Clef, 1744, 2 part. en 1 vol. in-12, veau. 7 fr.

Titre et figures gravés en taille douce.

3666. Taylor et Nodier. Voyages pittoresques et romantiques dans l'ancienne France. — Auverge. Paris, Didot, 1829, 2 vol. in-fol., demi-mar., chag. rouge, n. rog. 175 fr.

L'Auvergne renferme environ 250 planches, la plupart sur Chine, avec de nombreux culs-de-lampe tirés dans le texte. Bel exemplaire.

3667. Taylor et Nodier. Voyages pittoresques et romantiques dans l'ancienne France. — Bourgogne. Paris, Didot, 1863, in-fol., demi-mar., chag. rouge, n. rog. 120 fr.

La Bourgogne renferme environ 170

planches, la plupart sur Chine. Très bel exemplaire.

3668. Taylor et Nodier. Voyages pittoresques et romantiques dans l'ancienne France. — Champagne. Paris, Didot, 1857, 2 tomes en 3 vol. in-fol., demi-chag. rouge, n. rog. 250 fr.

La Champagne renferme environ 400 planches, la plupart sur Chine. Très bel exemplaire.

3669. Taylor. Possédant une grande quantité de défets de tous les ouvrages du baron Taylor, Voyages pittoresques de l'ancienne France, nous informons MM. les amateurs que nous pouvons leur fournir toutes les planches qui pourraient les intéresser à raison de 1 fr. la pièce.

3670. Télégraphe littéraire ou le correspondant de la librairie donnant l'indication méthodique et analytique des ouvrages de littérature française et étrangère, des estampes, œuvres de musique, etc. 4 part. en 2 vol. in-8, demi-rel. 5 fr.

3671. Tencin (Mme de). Le Siège de Calais, nouvelle historique. La Haye, J. Neaulme, 1739, 2 part. en 1 vol. in-12, veau. 5 fr.

3672. Ternisien d'Haudricourt. Fastes de la nation française et des puissances alliées, ou tableaux pittoresques gravés par d'habiles artistes accompagnés d'un texte explicatif. A Paris, 1807, in 4, demi-rel. veau n. rog. 20 fr.

Contenant 185 planches. 1er volume.

3673. Terrasson. Sethos, histoire ou vie tirée des monumens anecdote de l'ancienne Egypte. Paris, Desaint, 1757, 2 vol. in-12, veau dent. sur les plats, dos orné tr. dor., rel. anc. 5 fr.

2 cartes.

3674. Tessier (Henri). Sa Majesté le printemps, contes. Préface d'Em. Bergerat. Paris, Dentu, 1886, in-8 demi-mar. vert avec coins tête dor., n. rog. cour. (Bretault). 7 fr.

Illustré de 12 dessins.

3675. Texier (Edmond). Histoire des journeaux. Biographie des journalistes, contenant l'histoire politique, littéraire, industrielle, pittoresque et anecdotique de chaque journal publié à Paris et la biographie de ses rédacteurs, par E. Texier. Paris, Pagnerre, 1 vol. in-18, demi-toile. 3 fr.

3676. Théâtre des boulevards, réimprimé pour la première fois et

précédé d'une notice par G. d'Heylli. Paris, Rouveyre, 1881, 2 vol. in-12 br. 12 fr.

L'un des 25 ex. numérotés sur papier Whatmann, avec le front en deux états, épreuve en bistre avant la lettre, tirée sur papier de Chine volant et en noir avec la lettre. Publié à 30 fr.

3677. Théâtre remonstrant en XXIV scènes la vie, vertus et miracles du R. P. Gabriel Maria de l'ordre S. François. S. l., 1642, in-4, maroq. rouge, fil., tr. dor. (Thompson.) 60 fr.

Titre gravé, portrait et 24 pl. en taille douce.

3678. Theil (N.) Dictionnaire de biographie, mythologie, géographie anciennes. Paris, Didot, 1865, in-8 demi-chag. viol., tr. jasp. 8 fr.

1,000 gravures d'après l'antique.

3679. Théophile. Les Œuvres de Théophile, divisées en trois parties. Paris, chez Ant. de Sommaville, 1656, pet. in-12, mar. brun, jans., dent. int., tr. dor. (Allô.) 15 fr.

3680. Thierry. Nouveau manuel du chasseur, contenant des instructions sur les armes, les chiens et les chevaux de chasse; un traité de la chasse à tir, à courre, aux pièges, filets, gluaux, etc., et un résumé de toutes les lois et ordonnances. Paris. Huzard, 1 vol. in-18, br. 4 fr.

12 gravures.

3681. Thoumas (le général). Autour du drapeau 1789-1889. Campagnes de l'armée française depuis cent ans. Paris, Le Vasseur, in-4 br., couv. 25 fr.

1re édition illustrée de 200 illustrations par L. Sergent.

3682. Theuriet (André). Au Paradis des enfants. Paris, Ollendorff, 1887, in-12, demi-mar. gren., avec coins tête dor., n. rog. 5 fr.

Envoi autographe de l'auteur.

3683. Thévenot (de). Relation d'un voyage fait au Levant, dans laquelle il est curieusement traité des estats sujets au grand seigneur, des mœurs, religions, forces, gouvernements, politiques, langues et coutumes des habitants de ce grand empire. Paris, L. Billaine, 1665, in-4, vélin. 8 fr.

3684. Thureau-Dangin. Royalistes et Républicains. Essais historiques sur des questions de politique contemporaine. Paris, Plon, 1874, gr. in-8, demi-percal., n. rog., couv. 5 fr.

3685. Thiersot (Julien). Histoire de la

chanson populaire en France. Paris, Plon, 1889, in-8, br. 3 fr. 50

Musique dans le texte.

3686. Tiroir du Diable (Le). Paris et les Parisiens. Mœurs et coutumes. Caractères et portraits des habitants de Paris, etc. Texte par de Balzac, Eug. Suë, George Sand, Alph. Karr, Alf de Musset, Ch. Nodier, etc. Paris, chez les principaux libraires, s. d., gr. in-8, demi-rel. mar. bleu, dos et coins, tête dor., non rogné. 22 fr.

Illustrations de Gavarni.

3687. Tirpenne. Etablissement thermal de Bagnoles-de-l'Orne et ses environs, vues dessinées d'après nature. 21 planches in-fol. oblong percal. 4 fr.

3688. Thomasinus (J.-Ph.). Petrarcha redivivus, Lavra comite. Patavii Frambotti, 1650, in-4, fig. v. ant. marb. (Armoiries.) 120 fr.

Frontispice avec le portrait de Laure et 18 planches en taille-douce, dont deux portraits de Lavra Sade Avenionennis, etc.

3689. Tombeau de Marguerite de Vallois (Le), royne de Navarre, faict premièrem. en disticques latins par les trois sœurs princesses en Angleterre (Anne, Marguerite de Seymour), depuis trad. en grec, italien et françois par plusieurs des excellentz poètes de la France, avecques plusieurs odes, hymnes, cantiques, épitaphes, sur le mesme subject. Paris, de l'imprim de Michel Fezandot et Rob. Granjon, 1551, in-8, portr. de Marguerite gr. sur bois, maroq. olive, compart. de fil. à la Du Seuil, coins à feuillages, dos orné, dent. int., tr. dor. (Lortic). 350 fr.

Recueil curieux et rare publié par Nic. Denisot, dit le comte d'Alsinois; il contient des vers de Ronsard, de Baïf, de Du Bellay et d'autres poètes du temps. (Vente Turner 700 fr.)

3690. Touchard-Lafosse. Histoire de Paris, composée sur un plan nouveau. Paris, Krabbe, 1833. 5 vol. in-8, demi-veau viol., tr. jasp. 10 fr.

Nombreuses illustrations.

3691. Traité des trois imposteurs (de tribus impostoribus), traduit pour la première fois en français, texte latin en regard, avec notice par Philomneste junior (G. Brunet). Paris et Bruxelles, 1867, petit. in-8, pap. de Holl. demi-rel. chag. bleu avec coins, dos orné, fil. tête dor. ébarbé. 5 fr.

Tiré à petit nombre.

3692. Traité théorique et pratique du jeu des échecs, par une société d'amateurs. Paris, chez Stoupe, 1775, in-12 veau. 4 fr.

3693. Traité et conventions conclus entre la France et les puissances alliées, le 20 novembre 1815. Paris, Pillet, 1815, in-8 percal. rouge, n. rog. 3 fr.

3694. Traités du duel judiciaire, relations de pas d'armes et tournois, par Olivier de la Marche, Jean de Villiers, seigneur de l'Isle-Adam, Hardouin de la Jaille, Antoine de la Sale, etc., publiés par Bernard Prost. Paris, Wilhem, 1872, in-8, demi-rel. dos et coins de mar. r., dos orné, fil. tête dor., n. rog. (Durvand-Thivet). 16 fr.

L'un des 20 exemplaires tirés sur papier de Chine.

3695. Travaux publics (les) de la France, par MM. les ingénieurs des ponts et chaussées, F. Lucas, Ed. Collignon, H. de Lagrené, Voisin, Bey, E. Allard. Ouvrage publié sous les auspices du Ministère des travaux publics et sous la direction de M. Léonce Reynaud. Paris, Rotschild 1876-1883, 5 vol. in-folio en feuilles. 300 fr.

Ouvrage complet contenant : Routes et ponts. — Chemins de fer. — Rivières et canaux. — Ports de mers. — Phares et balises. 240 planches photographiées et 5 cartes en chromolithographie.

3696. Treilhard. Exposé des motifs des livres Ier et IIe de la première partie du projet de code de procédure civile, présentés au corps législatif. Paris, 1806, in-4 veau marb. 5 fr.

3697. Tressan (de). Histoire du petit Jehan de Saintré et de la Dame des Belles-Cousines, extraite de la vieille chronique de ce nom. A Paris, de l'imprimerie de Didot jeune, 1791, pet. in-12, fig. mar. vert, dent., doublé de tabis, tr. dor. (rel. ancienne). 300 fr.

Exemplaire tiré sur pap. vélin contenant 4 fig. dess. par Moreau, gr. par Dambrun, Halbou et de Longueil, épreuves avant la lettre.

3698. Triomphe du Corbeau, contenant les propriétés, perfections, raretés et vertus souveraines, avec les significations par Uzier. Nancy, 1619, in-8, chag. brun, tr. dor. 15 fr.

Réimpression faite par Cayon, devenue rare.

3699. Tristan l'Hermite. Les Vers héroïques du sieur Tristan l'Hermite.

Achat de Bibliothèques

Paris, Loyson, 1648, in-4, vélin blanc. 10 fr.

Frontispice gravé remargé.

3700. **Trofeo** della Vittoria sacra, ottenuta contra Turchi nell'anno 1571 : rizzato da i più dotti spiriti de' nostri tiempi : con diverse rime raccolte da Luigo Groto, cieco di Hadria. In Venetia (1572), pet. in-8, fig. sur bois, mar. bleu, dos orné, fil. tr. dor. (Trautz-Bauzonnet.) 120 fr.

Recueil des pièces publiées à l'occasion de la bataille de Lépante, réunies et imprimées par les soins de Louis Groto ; ce recueil est précédé d'une relation du combat, d'une liste des galères avec les noms des commandants, et d'une table des pièces insérées.

3701. **Turgan.** Les grandes usines, études industrielles en France et à l'étranger. Paris, M. Lévy, 1870, les 9 premiers volumes, demi-veau vert, tr. jasp. 20 fr.

On a ajouté le tome 12, broché. Nombreuses illustrations.

3702. **Turner** (Samuel). Ambassade au Thibet et au Boutan, contenant des détails très curieux sur les mœurs, la religion, les productions et le commerce du Thibet, du Boutan et des états voisins. Paris, Buisson, 1800, 2 tomes en 1 vol. in-8, demi-veau. 4 fr.

3703. **Turpin de Crissé.** Souvenirs du vieux Paris. Exemples d'architecture de temps et de styles divers. Paris, 1836, in-fol., demi-rel. veau. 25 fr.

Contenant trente planches lithographiques.

3704. **Uzanne** (Oct.). Anecdotes sur la comtesse Du Barry. Paris, Quantin, 1880, gr. in-8, br., couv. 12 fr.

Frontispice en couleur.

3705. **Uzanne** (Oct.). Le Miroir du monde. Notes et sensations de la vie pittoresque. Paris, Quantin, 1888, in-4 br., avec emboîtage. 40 fr.

Illustrations en couleurs de Paul Avril. Epuisé. Très rare.

3706. **Vachon** (Marius). L'Hôtel de Ville de Paris, 1533-1871. Paris, Quantin, 1883, in-4, br. neuf. au lieu de 60 fr. 25 fr.

Illustré de 100 gravures dans le texte et de 25 planches hors texte, tirées en taille douce et reproduisant les objets d'art détruits de l'ancien Hôtel de Ville.

3707. **Vadé.** La pipe cassée. poème épitragipoissardihéroïcomique. Paris, Leclère. 1866, in-8. demi-mar. vert., avec coins. tête dor. n. rog. 12 fr.

Exemplaire sur chine, figures, rare.

3708. **Vadé.** OEuvres, précédées d'une notice sur la vie et les œuvres de Vadé, par Julien Lemer. Paris, Garnier, 1875, in-8, br. 4 fr.

Exemplaire sur papier de Hollande.

3709. **Vadé** (Joseph). Poésies et lettres facétieuses. Avec une notice bio-bibliographique, par J. Lecocq. Paris, Quantin, 1879, in-8 br., port. 5 fr.

5710. **Valenciennes** (P.-H.). Elémens de perspective pratique, à l'usage des artistes, suivis de réflexions et conseils à un élève sur la peinture et particulièrement sur le genre du paysage. Paris, an VIII, in-4, veau rac. 10 fr.

Portrait par Moreau, gravé par St-Aubin, ajouté et remonté, et 36 planches.

3711. **Valery.** Voyages historiques, littéraires et artistiques en Italie. Guide raisonné et complet du voyageur et de l'artiste. Paris, A. André, 1838, 3 vol. in-8, demi-veau, carte. 9 fr.

3712. **Vallée** (Léon). Bibliographie des bibliographies. Paris, Terquem, 1883, gr. in-8 br. 10 fr.

3713. **Vallée** (Geoffroy). La béatitude des chrétiens ou le fléo de la Foy, avant-propos par un bibliophile. Paris et Bruxelles, 1867, in-12, br. 1 fr.

Réimpression à 120 ex. sur papier vergé.

3714. **Vallès** (Jules). Jacques Vingtras. Le Bachelier. Paris, Charpentier, 1881, in-12, demi-chag. rouge, tr. jasp. 3 fr.

3715. **Valmy** (le duc de). Le Génie des peuples dans les arts. Paris, Plon, 1867, in-8 br. 3 fr.

3716. **Vapereau.** Dictionnaire universel des littératures. Paris, Hachette, 1876, 9 livraisons gr. in-8. 5 fr.

Les 9 premiers fascicules.

3717. **Varillas** (De). Histoire de Henry III. Paris, Claude Barbin, 1694, 2 vol. in-4 veau. 20 fr.

3718. **Vatel** (Ch.) Histoire de Madame Du Barry, d'après ses papiers personnels et les documents des archives publiques. Versailles, Bernard, 1883, 3 vol. in-12, demi-percal., n. rog., port. 12 fr.

3719. **Vatel** (Ch.). Notice historique sur la salle du Jeu de Paume de Versailles, depuis sa fondation, jusqu'à nos jours. Versailles, Bernard, 1883, in-8 percal., n. rog., couv., figures. 4 fr.

Et de Livres anciens et modernes

3720. Vatout. Le Château d'Eu, notices historiques, galerie des portraits, tableaux et bustes. Paris, 1836, 5 vol. in-8, brochés.   9 fr.

3721. Vaughan. Du Neuf et du Vieux. Contes et mélanges. Etrennes aux délicats. Bruxelles, 1873, in-12, demi-mar. lavall. avec coins, tête dor., n. rog., couv.   8 fr.

Frontispice sur Chine en 2 états, en bistre et en sanguine.

3722. Vedrenne (Fr.). Fauteuils de l'académie française. Paris, Bloud et Barral, in 8 br.   3 fr.

Illustré de 8 portraits hors texte.

3723. Venette (Nicolas). La génération de l'homme ou tableau de l'amour conjugal. S. l., 1764, 2 vol. in-12, veau.   6 fr.

Front. et figures.

3724. Veni Creator spiritus. Par un citoyen passif. Seconde édition, revue et corrigée et considérablement augmentée, suivie du Pange Lingua revu, corrigé et considérablément augmenté, orné de gravures. L'an de la Liberté, 1 vol. in-18, demi-perc., avec coins, non rog.   5 fr.

2 figures.

3725. Vers funebres françois et latins, sur le vray discours de la mort de Monseigneur le duc de Joyeuse, Pair et Admiral de France... par Claude Billard Bourbonnois. A Paris, chez Gilles Reys, 1587, in-4 de 24 pp., mar. r. fil., dent. int., tr. dor. (Belz-Niedrée.)   50 fr.

Pièce rare.

3726. Veuillot (Louis). Le fond de giboyer. Dialogue avec prologue et pièces justificatives. Paris, Ganne, 1863, in-12, demi-percal., n. rog., couv.   4 fr.

3727. Vicaire (Georges). Bibliographie gastronomique, avec une préface de P. Ginisty et des fac-similes. Paris, Rouquette, 1890, gr. in-8 br.   15 fr.

3728. Vie de Marie de Médicis, princesse de Toscane, reine de France et de Navarre. Paris, Ruault, 1774, 3 vol. in-8, veau.   16 fr.

Très joli portrait.

3729. Vie du cardinal d'Amboise, premier ministre de Louis XII, avec un parallèle des cardinaux célèbres, qui ont gouverné des estats. Dédié au roy, par M. Louis Le Gendre. Rouen, 1724, in-4 veau.   10 fr.

Armoiries sur les plats.

3730. Vie (La) du pape Clément XIV (Ganganelli). Paris, Desaint, 1775, in-12, mar. rouge, ancien fil., dos orné, tr. dor., portrait.   20 fr.

Reliure ancienne très fraiche.

3731. Vie élégante (La). Littérature, voyage, beaux-arts, modes, sport. Paris, librairie illustrée, 1882-1883, 2 vol. gr. in-8, br.   10 fr.

Planches hors texte et nombreuses figures dans le texte.

3732. Vie privée du cardinal Dubois, premier ministre, archevêque de Cambrai, etc. Londres, 1789, in-8, veau port.   5 fr.

3733. Vie privée ou apologie du duc de Chartres, contre un libel diffamatoire écrit en 1781, etc., par une société d'amis du prince. A cent lieues de la Bastille, 1784, in-8, demi-mar. rouge, avec coins, tr. peig. (Petit.)   5 fr.

3734. Vielh de Boisjolin. Antidote contre les cocus ou dissertations sur les cornes antiques et modernes : ouvrage philosophique. Paris, chez les marchands de nouveautés. S. d., in-8, demi-mar. orange, tête dor., n. rog.   5 fr.

3735. Vies des premiers-peintres du roi, depuis M. Le Brun jusqu'à présent. Paris, Durand, 1752, 2 tomes en 1 vol. in-12 veau.   2 fr.

Les peintres mentionnés dans cet ouvrage sont au nombre de cinq : Lebrun, Coypel, Mignard, Le Moine et Boulogne.

3736. Vies (Les) et quelques gestes des roys de Navarre. Vraies armoiries de Navarre, car celles que les peintres ont jusqu'à présent pourtraictes sont fausses, absurdes et sans fondement. — Explication de la généalogie du très invincible et très puissant monarque Henry IIIIe, de ce nom, 65e roy de France, ou (selon anciens) 62e et IIIe de ce nom, 39e roi de Navarre. Paris, Gilles Breys, 1595, in-4 veau, fauv. fil., tr. dor., figures.   55 fr.

Bel exemplaire.

3737. Viest-Lainopts. Essais bibliographiques sur deux ouvrages intitulés : de l'Utilité de la Flagellation, par J. H. Meibomius et Traité du Fouet, par F. A. Doppes. Paris et Londres, 1875, in-8, br.   5 fr.

L'un des 20 ex. sur papier de Hollande

Achat de Bibliothèques

avec le frontispice en deux états, en noir et en sanguine.

3738. Vigenère (Blaise de). Traicte du feu et du sel. Paris, Abel l'Angelier, 1618, in-4 veau fauve, fil. tr. rouge.   25 fr.

Excellent et rare opuscule, fleuron sur le titre.

3739. Vignale. La Cazzaria, dialogue Priapique de l'Arsiccio Intronato (Antonio Vignale); littéralement traduit pour la première fois, texte italien en regard, par le traducteur des Ragionamenti de P. Aretino. Imprimé à cent exemplaires pour Isidore Lisieux et ses amis. Paris, 1882, pet. in-8, br.   50 fr.

Très rare.

3740. Vigny (Le comte Alfred de). Chatterton, drame. Paris, Hippolyte Souverain, 1835, in-8, cart. rog. 4 fr.

Deuxième édition ornée d'une gravure, frontispice.

3741. Vigny (Alfred de). Stello. Paris, Lecou et Delloye, 1838, in-8, demi-chag. rouge avec coins, tête jasp., n. rog.   5 fr.

1re édition. Les premières pages sont tachées.

3742. Villars. Vie du maréchal duc de Villars, écrite par lui-même et donnée au public, par M. Anquetil. Paris, Moutard, 1784, 4 vol. in-12, veau fauve anc.   6 fr.

Portrait et cartes.

3743. Ville de Paris. Atlas du département de la Seine, 8 vol. in-fol., demi-rel.   60 fr.

Ces huit volumes contiennent : 71 plans des cantons suburbains : Canton de Vincennes, — de Courbevoie, — de Neuilly, — de Pantin. — de Villejuif, — de Charenton, — de St-Denis, — de Sceaux.

Non mis dans le commerce.

3744. Villemain. La Tribune moderne. — M. de Châteaubriand, sa vie, ses écrits, son influence littéraire et politique, sur son temps. Paris, M. Lévy, 1858, in-8, demi-chag. noir.   4 fr.

3745. Villeneuve. Lettres sur la Suisse accompagnées de vues dessinées par Villeneuve et lithographiées par Engelman. Paris, 1823 27. 2 parties réunies en 1 vol in-fol. demi-rel.   25 fr.

Le texte est de Raoul Rochette, 40 planches.

3746. Villeroy (de). Mémoires d'Etat, par Mr. de Villeroy, Conseiller d'Etat et secrétaire des Rois Charles IX, Henri III, Henri IV et Louis XIII. Amsterdam (Trévoux), aux dépens de la compagnie, 1725, 7 vol. pet. in 12, mar. rouge, dos orné, fil., tr. dor. (Rel. anc.)   120 fr.

Bel exemplaire.

3747. Villette. Histoire de Notre-Dame de Liesse. Lyon, Fr. Meunier 1728. — Histoire de l'image miraculeuse de Notre-Dame de Liesse. — Ensemble 1 vol. in-8. veau.   8 fr.

1 frontispice et 6 figures par Stella, gravées par Thomassin.

3748. Viollet-le-Duc. Lettres sur la Sicile, a propos des Evénements de Juin et Juillet 1860. Paris, Bance 1860, gr. in-8, demi-mar. vert n. rog.   6 fr.

3749. Vita di S. Lazzaro, monaco e pittore preceduta da alcune osservazioni, sulla bibliomania. Brescia, 1807, in-8, demi-veau fauve.   3 fr.

3750. Vitrolles. Mémoires et relations politiques du baron de Vitrolles, publiés, selon le vœu de l'auteur, par Eug. Forgues, 3 vol. — Eug. Forgues. Correspondance inédite entre Lamennais et le baron de Vitrolles, 1 vol. — Ensemble, 4 vol. in-8, percal., n. rog., couv.   22 fr.

3751. Vogt (Carl). Les Mammifères. Edition française originale. Paris, Masson, 1884, in-4, demi-mar. lavall. avec coins, tête dor., n. rog., dos de mosaïque, couv. (Smeers.)   22 fr.

Illustré de 40 planches hors texte et de 265 figures.

3752. Vogt d'Hunolstein (Le Cte). Correspondance inédite de Marie-Antoinette, publiée sur les documents originaux. Paris, Dentu, 1864, in 8, percal., n. rog.   5 fr.

3753. Vogué (Eug.-Melchoir de). Histoires d'hiver. Paris, C. Lévy, 1885, pet. in-8 br.   75 fr.

Frontispice et vignettes gravés à l'eau-forte.

3754. Voisenin (Dc). Anecdotes littéraires, publiées par le bibliophile. Paris, librairie des Bibliophiles, 1880, in-12, demi-rel. toile.   3 fr.

Eau-forte de Lalauze.

3755. Voisenon. Romans et Contes. Londres, 1775, 2 vol. in-18, demi veau.   5 fr.

3756. Voisin (Félix). Analyse de l'entendement humain : Quelles sont ses facultés ? quel en est le nom, quel en est le nombre, quel en doit être l'emploi ? suivi d'un mémoire sur l'abolition de la peine de mort. Paris, J.-B. Baillière, 1858, in-8, demi-chag. vert.   **2 fr.**

3757. Voltaire. OEuvres complètes. Paris, Sautelet, 1827, 3 gros vol, in-8 demi-vœu vert, n. rog.   **30 fr.**

> Edition microscopique, renfermant la matière de 72 volumes in-8.

3758. Voltaire. OEuvres complètes. Paris Didot. 1827, 4 vol. in-8, veau marb. tr. rouges.   **50 fr.**

> Edition microscopique, contenant la matière de 72 vol. in-8.

3760. Voltaire. OEuvres complètes, avec préfaces, notes et avertissements, etc , par Beuchot. Paris, Lefèvre, 1834, 72 vol. in-8, br. **150 fr.**

> De la collection des classiques français. Quelques piqûres.

3760. Voltaire. OEuvres complètes. Paris, Lequien, 1820, 70 vol. — Lettres inédites de Voltaire recueillies par M. de Cayrol. Paris, Didier, 1856, 2 vol. — Ensemble 72 vol. in-8, demi-veau fauve ancien, tr. marb.   **120 fr.**

> Portraits et figures, 2 vol. ainsi que les 2 vol. des Lettres inédites différent un peu comme reliure.

3761. Voltaire. La Pucelle d'Orléans, poëme en 21 chants. Londres, 1780, (Paris Leclère) 2 tomes en 1 vol. in-8, demi-mar. rouge avec coins, tête dor., n. rog. (Thivet.)   **40 fr.**

> Vignettes de Duplessis-Bertaux. Portrait de Loizelet. Frontispice.

3762. Voltaire. La Pucelle d'Orléans, poëme en 21 chants. Paris, Leclère, 1865, 2 vol. in-8, demi-mar. bleu, avec coins, tête dor., n. rog., dos orné.   **40 fr.**

> Portraits, vignettes de Duplessis-Bertaux. Tiré à 200 exemplaires.

3763. Voltaire. Poésies, poèmes et discours. Paris, imp. de Didot l'ainé, 1823, 5 vol. in-8, demi-mar. vert, avec coins, tête dor., ébarbés. **45 fr.**

> Bel exemplaire, papier velin, illustré de 21 portraits modernes ajoutés.

3764. Voluptuous night (The). Or the ne plus ultra of pleasure, By Mary Wilson, spinster. London, 1830, in 12, cart.   **25 fr.**

3765. Voyage de Languedoc et de Provence, fait en 1740 par MM. Le Franc, le Mis de Mirabeau et l'abbé de Monville, chanoine de Montauban. La Haye, 1745, pet. in-12, br. n. rog.   **3 fr.**

3766. Voyage en Perse fait pendant les années 1807, 1808 et 1809, en traversant la Natolie et la Mésopotamie. Paris, Dentu. 1819, 1 vol. in-8, demi-chag. gren., cart.   **10 fr.**

3767. Voyages du baron La Hontan dans l'Amérique septentrionale. A La Haye, chez Ch. Delo, 1706, 2 vol. in-12, veau marb., dos orn. (rel. anc.).   **7 fr.**

> Nombreuses cartes et planches.

3768. Voyages du capitaine Cook dans la mer du Sud, aux deux pôles et autour du Monde, accompagnés des relations de Byron, Carteret et Wallès, et d'une notice ou nouveaux détails extraits de différents voyages plus récents. Paris, Lerouge, 1811, 6 vol. in-12, demi-rel. veau fauve port.   **8 fr.**

> Contenant 1 carte et 30 figures hors texte.

3769. Vrais. Les portraits des empereurs, rois et dauphins de France, par A Ménard, gr. in-4 oblong, br.   **5 fr.**

> Formant 18 planches qui contiennent le titre, frontispice gravé, et 67 portraits avec légendes explicatives.

3770. Vues de France. Suite de 102 planches dessinées par Bourgeois, et lithographiées par Delpech en 1818 1820, montées sur onglets, in-fol., papier vélin fort, demi-veau vert n. rog.   **50 fr.**

3771. Vues de Rome. La Basilique du Vatican, le Quirinal, le fort Saint-Ange, etc. S. L. n. d., 1760, gr. in-fol., veau ant. marb.   **25 fr.**

> 25 planches montées sur onglets.

3772. Vues et plans d'Italie. In-fol. demi-rel. mar. rouge avec coins. tête dor., n. rog.   **35 fr.**

> Contenant 46 figures gravées par Th. Borgonius.

3773. Wailly (Natalis de). OEuvres de Jean sire de Joinville comprenant l'histoire de saint Louis. Paris, A. Le Clerc, 1867, gr. in-8, br.   **10 fr.**

3774. Walsh. Voyages en Turquie et à Constantinople, traduit de l'anglais. Paris, Moutardier, 1828, in-8, br., carte.   **3 fr.**

3775. Welschinger (H.). La censure sous le premier empire avec documents inédits. Paris, Charavay, 1882, in-8 br., n. c.   **3 fr.**

3776. Wey (Francis). La Haute-Savoie. Récits de voyage et d'histoire. Paris et Genève, 1866, demi-chag. avec coins, plats toile, tr. jasp.   **50 fr.**

> 50 lithographies dessinées par H. Terry.

Achat de Bibliothèques

77. Wiesener (L.). Marie Stuart et le comte de Bothwel. Paris, Hachette 1863, in-8, br.   3 fr.

78. Willemin (N. X.). Monuments français inédits, pour servir à l'histoire des arts et où sont représentés les costumes civils et militaires, les instruments de musique, les meubles de toutes espèces et les décorations intérieures des maisons. Paris, 1806, vol. in-fol., demi-mar. viol., avec coins, n. rog., dos orné.   300 fr.

303 planches dont beaucoup sont coloriées.

9. Young (Arthur). Voyages en France pendant les années 1787-88-9 et 90. Paris, Buisson, 1793, 3 vol., in-8, demi-rel. veau.   6 fr.

Cartes.

. Zacharie. Les Quatres Parties du jour, poème traduit de l'allemand de M. Zacharie (par Muller). Paris, Isier, 1769, gr. in-8., front., 4 fig. vignettes et 4 culs-de-lampe par sen, gr. par Baquoy, demi-rel. cuir Russie avec coins, dos orné, fil. e dor., ébarbé.   70 fr.

Exemplaire sur grand papier de Hollande.

Zalm (Guillaume). Les plus aux ornements et les tableaux les s remarquables de Pompei, d'Herlanum et de Stabiæ, d'après les ginaux exécutés sur les lieux. lin, 1852, 2 parties en 1 vol. gr. fol., 100 planches au trait ou en romolithog., texte allemand et nçais, demi-rel. mar. rouge, avec ns n. rog.   120 fr.

3e série de cette magnifique publicaon. Exemplaire sur grand papier vélin.

SUPPLÉMENT

3?. Amour (L') aux colonies, singularités physiologiques et passionnelles observées durant trente années de séjour dans les colonies françaises, Cochinchine, Tonkin et Cambodge, Guyane et Martinique, Sénégal et Rivières du Sud, Nouvelle-Calédonie, Nouvelles-Hébrides et Taïti par le Dr Jacobus X***. Paris, Liseux, 1893, 1 fort vol. in 8 de 400 pages.   30 fr.

J'ai passé 28 années de ma vie au milieu des peuples les plus divers, dans les cinq parties du monde. Grâce aux soins que ma profession me permettait de donner aux indigènes et à l'étude de leurs langues, j'ai pu gagner leur confiance et voir de très près leurs mœurs, genre de vie, habitudes, etc... Ma spécialité des maladies des organes génitaux urinaires, m'a permis d'étudier sur vif, et de recueillir de nombreuses et précieuses confidences (Préface).

3783. Catalogue de la collection Spitzer. Paris, Lévy, 6 vol. in-fol. en cartons (état de neuf.)   1000 fr.

Très belle publication, planches noires et coloriées.

3784. Description de l'Egypte. Publiée par les soins du gouvernement. Paris, 1809-1813, 9 vol. in-4 de texte ; 14 vol. in-fol. de planches (minéraux coloriés), demi-maroq. rouge, reliure de l'époque ; le tout renfermé dans un meuble en noyer formant bureau et fermé par des vitrines.   900 fr.

3785. Dreux du Radier. L'Europe illustre, comprenant l'histoire abrégée des souverains, des princes, des prélats, des ministres, des grands capitaines, des magistrats, des savans, des artistes et des dames célèbres en Europe, dans le xve siècle compris jusqu'à présent. Paris, Nyon, 1777, 6 vol. in-4, veau marb., tr. dor.   300 fr.

Contenant 600 portraits, gravés par Ficquet, Basàn, Wille, etc. Bel exemplaire.

3786. Horæ beatissimæ Virginis Mariæ, ad usum Romanum. Nunc primum perquà syncere castigatæ atque repurgatæ, ac triplici officio illustratæ. Antverpiæ, ex officina Christophori Plantini, 1565, in-8, fig. et texte encadré, mar. brun, dos orné, riches comp. sur les plats, milieux, tr. dor. et ciselée (Rel. anc.)   500 fr.

Nombreuses figures gravées sur bois grandes et petites et encadrements à chaque page.
La reliure très riche et très bien conservée, porte au milieu des plats un médaillon représentant Saint-Jérôme.

3787. Jubinal (Achille). Les anciennes tapisseries historiées ou collection des monuments les plus remarquables de ce genre qui nous sont restées au moyen-âge a partir du xie siècle jusqu'au xvie siècle. Paris, 1838-1839, 2 parties reliées en 1 vol. in-fol. oblong, demi-chagr. rouge.   150 fr.

Exemplaire en noir contenant 128 pl.

3788. Nanteuil. Recueil des portraits des principaux personnages de la cour de Louis XIV, princes, princesses, ministres, hommes de guerre, etc. gravés par Nanteuil, en 2 vol. gr. in-fol. mar. rouge, dent. sur les plats.   1600 fr.

Cet important recueil contient 218 portraits en très belles épreuves.

32   LIBRAIRIE DE TH. BELIN 29, QUAI VOLAIRE, PARIS

On trouve à notre librairie :

LES

CATALOGUES DES GENTILSHOMMES

qui ont pris part ou envoyé leur procuration aux Assemblées de la noblesse pou
l'élection des députés aux Etats-Généraux de **1786**, publiés d'après les procès
verbaux officiels, par MM. Louis de LA ROQUE et Edouard de BARTHÉLEMY.

Alsace, Corse, Comtat-Venaissin	1 liv.	2 fr.
Anjou et Pays Saumurois	1 —	2 —
Armagnac et Quercy	1 —	1 —
Artois, Flandre et Hainaut	1 —	2 —
Auvergne et Rouergue	1 —	2 —
Béarn, Navarre et Gascogne	1 —	2 —
Bourbonnais et Nivernais	1 —	2 —
Bretagne	1 —	2 —
Champagne	1 —	1 —
Colonies, avec l'Empire et la Restauration	1 —	8 —
Dauphiné	1 —	2 —
Franche-Comté	1 —	2 —
Guienne, Agénois, Bazadois	1 —	1 —
Isle de France, Soissonnais, Valois, Vermandois	2 —	4
Languedoc (Généralité de Montpellier et généralité de Toulouse)	2 —	4
Lorraine et duché de Bar	2 —	4
Maine, Perche et Thimerais	1 —	2
Marche et Limousin	1 —	2
Normandie (1re livraison)	1 —	5
Orléanais, Blaisois, Beauce, Vendomois	1 —	5
Périgord, Aunis, Saintonge, Angoumois	1 —	2
Picardie	1 —	2
Poitou	1 —	2
Provence et principauté d'Orange	1 —	2
Roussillon, Foix, Comminges, Causeran	1 —	1
Touraine et Berry	1 —	2
CHÉRIN. — Catalogue des certificats de noblesse délivrés pour le service militaire	1 —	5
Supplément au Catalogue des feuilles tirées sous le 1er Empire d'après les documents officiels, suivi de la liste des titres concédés depuis 1866	1 —	2

Le Propriétaire-Gérant : **Th. BELIN.**

Péronne. — Imp. Eug. CRÉTY, 24, Grande Place.

www.ingramcontent.com/pod-product-compliance
Lightning Source LLC
LaVergne TN
LVHW012144170726
843503LV00009B/3966